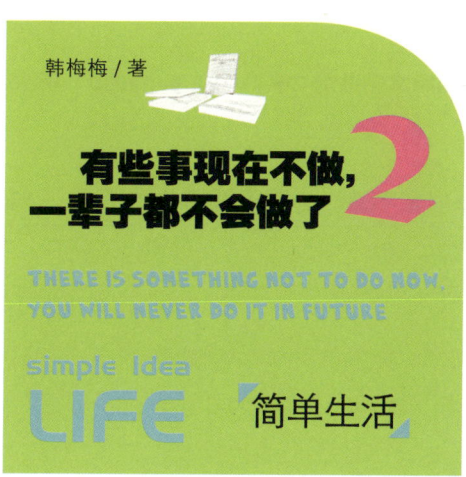

韩梅梅 / 著

有些事现在不做,一辈子都不会做了

2

THERE IS SOMETHING NOT TO DO NOW,
YOU WILL NEVER DO IT IN FUTURE

simple Idea
LIFE 简单生活

北方妇女儿童出版社

图书在版编目（CIP）数据

有些事现在不做，一辈子都不会做了. 2, 简单生活 /
韩梅梅著. — 长春：北方妇女儿童出版社，2010.8
ISBN 978-7-5385-4800-6

I. ①有… II. ①韩… III. ①人生哲学–通俗读物
IV. ①B821-49

中国版本图书馆 CIP 数据核字（2010）第 138673 号

有些事现在不做，一辈子都不会做了. 2——简单生活

作　　者：韩梅梅
出 版 人：李文学
责任编辑：张晓峰
封面设计：黄柠檬设计工作室
开　　本：880mm×1230mm　1/32
字　　数：100 千字
印　　张：6
版　　次：2010年9月第1版
印　　次：2012年2月第7次印刷

出　　版：吉林出版集团　　北方妇女儿童出版社
发　　行：北方妇女儿童出版社
地　　址：长春市人民大街4646号
　　　　　邮编：130021
电　　话：总编办：0431-85644803
　　　　　发行科：0431-85640624
网　　址：http://www.bfes.cn
印　　刷：小森印刷（北京）有限公司

ISBN 978-7-5385-4800-6　　　　定价：25.00元

目录 CONTENTS

目录 CONTENTS

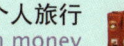

目录 CONTENTS

目录 CONTENTS

Into

活得简单，
才能活得自由
Live simply, live freely

活得简单才能活得自由，是一个特别简单的真理。

仔细想想，每天实际维持你生活的必需品有多少？其实并不多吧？我们需要的多，都是因为我们贪图享受，而我们一旦贪图享受，就容易被物质所奴役。

你拥有的不少，可是却并不幸福。

有一些简单的道理，可能我们都懂，但是却做不到：
Some simple truth,we may understand but we don't follow:

1 过简朴的生活，不被物质所累，就能保持精神的自由；

2 生活清贫一点，心灵就会富有起来；

3 物质简朴一点，思想就会充实起来；

4 欲望放下了，就会轻松起来；

5 少去追求享受，就会更加拥有自我。

我们最宝贵的是时间
Time is most precious for us

我们每天忙忙碌碌，忘记了生命是短暂的。

每天都在追求些什么呢？金钱？名誉？钱真的有那么重要吗？有多少人生最美好的享受，思考、艺术、爱情、亲情……都不是金钱能买到的吧。

时间一天天流去了，我们的生命过去了，却忘记了享受它。

所以，宁愿做有闲的穷人，也不要做有钱的忙人，从现在开始，过简单的、闲适的生活吧！

把生活欲望降到最低吧！吃得简单一点，穿得简单一点，想得也要简单！

把你的时间，拿来多读书，多看好电影，多和简单的人交朋友，多对生活和人生进行深入思考和实践。少上网，即便上网也是用来跟朋友分享和交流简朴生活的体验与心得。

减少对物质的需求，当你身边本来就没有多少东西，为这些东西的担心和操劳也就越少。

慢慢卸下肩上的压力和负担，让自己拥有更多属于自己的时间和空间。自己的时间多了，心就静下来了。等你平静了，你会有完全不同的人生体会。相信我，这完全值得。

不要太在意得失，得之我幸，不得我命，如此而已。

越简单生活，越能懂生活
Only simple life can help you know life better

当你越能不用功利的眼光去观察，就越能享受别人享受不了的乐趣。

当你感受自然的时间多了，心向内观看，而不再向外追逐了，你就更能深品做人的乐趣，收获崭新的心境。

穿棉麻衣服的人，
不需要取悦任何人

The people in cotton clothes don't need to please anyone

喜欢棉麻质地衣服的人，他们有一个共同的特点，就是：崇尚简单、淳朴、自然的生活和品质。

喜欢棉麻的女人，淡然、温柔、素雅、安静。
喜欢棉麻的男人，无争、宽容、干净、自由。

喜欢穿棉麻衣服的人，还喜欢在街上寻找同类。不需要东张西望，当他们相遇在某一个拐角，看见对方的衣服——纯棉的衬衣，静静地、柔软地贴近皮肤，那一刻，心里一部分最细小的东西开始颤动……也许什么都不用说，微笑着，慢慢游走，擦肩而过，寻找到同类的莫名快乐，细微又美妙。

棉麻上衣，穿着舒适、透气、吸汗，色调柔和淡雅，在炫目的阳光下展示着自己的安宁，让人摒弃浮躁。

棉麻的长裤，穿起来显得双腿修长并有一种摇曳的风致。
它们宽宽大大，长却不臃肿，能巧妙地将你身材的缺陷掩遮，突出的腹部、过宽的胯等，都被收藏在它的韵味之内了。它还经常有隐藏在暗处的点睛之笔——绣于细节的简洁花形，它们点缀了浅淡的颜色，不惊人却耐人寻味。

　　棉麻的衣服不贵，却能给人带来柔软和幸福，当最质朴的布料和肌肤相亲的时候，心情也会随之回归平静。那和名牌衣衫带来的虚荣是不一样的。

　　如果你觉得纯色的棉麻衣服太单调，可以搭配一些颜色亮丽的饰品，与棉麻相配的饰品有：麻绳、皮绳、苗银、藏饰、各种石、贝类、珍珠、瓷片、琉璃……

　　不过要注意，纯棉的衣物抗皱性不是很好，洗衣的水温不能太高，浸泡几分钟就好了，时间不要过长。棉麻衣服的领口不能横着搓洗，洗完不要拧干，要直接晾卦。不要在太阳下暴晒。

大家都很喜欢的棉麻衣服品牌：
The brands of cotton clothes that everyone like:

1 无印良品：
HTTP://WWW.MUJI.TW/

　　无印良品是一个日本杂货品牌，在日文中，意思为："无品牌标志的好产品"。它的产品注重淳朴、简洁、环保、以人为本等理念，在包装与产品设计上都没有品牌标志。

2 studio clip：
HTTP://WWW.STUDIO-CLIP.CO.JP/

　　这个品牌，以简约自然的设计风格和采用纯天然的上等舒适棉麻面料制作而著称。

　　SC的东西非常有自己的特色。每款量都不是很多，但款式非常的多，而且往往每款还会采用多种不同的面料（有很多都是特殊加工工艺的面料，很是新颖）、镶饰（有诸多的特色细节）进行制作，产生各种不同的感受，或舒适，或随意，真是妙不可言。

　　SC的服装特色，就是在于特别耐看，越穿越有味道。

3 蘑菇:
WWW.BOODAY.COM

Booday蘑菇是什么？

2003年，"Booday蘑菇"在台湾诞生。是一群对生活抱有热情、不断追寻创意与实践梦想的蘑菇人创办的。

蘑菇人认为，生活，一直以来，不是什么大事构成的，只要细细体会每件鸡毛蒜皮的芝麻绿豆大的小事，生活其实是很美好的。

媒体资讯排山倒海……但是，静下心来，我们会发现，现实生活不是在电视和网络里，而是在一杯水、一碗饭、一段对话里，这就是日常生活，每个人都有自己的生活、步调、情趣，而不是媒体营造出来的样板虚拟生活。

Booday蘑菇的理念，就是提倡大家用最单纯的方式去发觉身边一切美好的人、事、物，去发觉简单的、不高深的理论，在平凡中点出不平凡。

Booday蘑菇

● 小王子说：

"……世界上可能没有像我这样的人，只为来到这里，但我看到的什么也没有，只有你。而你却忘了我，你真的忙着什么吗？……我想，你真的不是一个人，而是一个蘑菇……"

● 有用的蘑菇：

「我在忙的并不是你肉眼能看到的，我所想的也并不是马上见着的……」

买个透明的大杯子，
喝白开水

Buy a transparent glass to drink boiled water

你相信吗？你喝什么水，就是什么样的人。

喜欢喝白开水，爱喝的人都知道
Those who like drinking boiled water knows

　　每天早晨起床后，我最喜欢做的第一件事，不是吃东西，也不是听音乐，而是抱着一大杯温热的白开水，站在阳台上，看看外面的新鲜世界，把它喝完！喝白开水的感觉无比实在和舒心，那种感觉，爱喝的人，一定知道。

　　我还有一个朋友，过去很胖，有一段时间不见面，突然瘦了好多。我问他秘诀是什么，他说：首先，戒掉所有的饮料，只喝白开水。

　　你看，白开水不仅能带来好心情，还能带来健康和美丽。

　　白开水是天然状态的水经过煮沸而来，水中的微生物已经在高温中被杀死。它也含有钙质，而且不含热量，能够被人体直接吸收，还不会刺激肠胃。

　　因此，注重生活品质却忽略了白开水的你，从现在开始，将自家的白开水充分重视起来，这样不仅会节约开销，还对身体大有好处。

喝白开水，要用大玻璃杯
Drinking boiled water, you should use big glass

　　为了让自己爱上喝白开水，可以精心为自己挑选一个专门喝白开水的大玻璃杯。记住，一定要是大的杯子哦！用大杯子喝水的感觉，真是好极了！

　　出门的时候怎么办呢？可以准备一个小水瓶，将白开水灌入瓶中，这样不仅方便出行，也会让我们拥有更环保更健康的生活。

　　喝白开水的人，喜欢简单纯净的生活，一般都是渐渐安定下来的人，他知道，平淡无奇，也有意义。

过不花钱也优雅的生活

Live elegant life without spending one cent

在旅行的时候，我经常会在午后的公园，或者路边的咖啡馆门口，看见一些女人，她们要么在发呆，要么在和人交谈，要么在随意地翻着一本书。她们的举手投足，都透露着优雅舒服的气息，让人忍不住想要把她们拍下来。但是，从她们的打扮上，却完全找不到什么耀眼夺目的东西，更不用说，那种恶俗的名牌Logo了。

看起来最平凡的她们，其实才是世界上最时髦的女人。

她们只是喜欢有质感的，舒适的穿着而已。

她们能够光脚的时候，绝不穿袜子，哪怕是穿高跟鞋的时候。

头发也是最自然的颜色，干干净净，蓬蓬松松，要么自然地披散着，要么就伸出手把它们撩拨上去束起来。

她们喜欢吃黄瓜、水果、沙拉，从不暴饮暴食。当然，在路边的小酒馆里，也可以看见她们，大口大口地喝着一杯啤酒。

优雅的女人一定有着发自内心的灿烂的微笑，遇见擦肩而过的人，只要目光碰到了，她也会微笑的。

所以，优雅不是存在于物质中，而在我们真实的内心里。

可以让你优雅起来的元素，绝对不是杂志和电视上教导的流行，不是花钱买来的。

它是你慢慢领悟到的生活方式。

假如我们等不到对的人，
是不是要一辈子孤单

Should we live lonely all the time
if we couldn't meet the right person

去加入一个同类人的小组吧，如果你对孤单的生活已经绝望。

只不过想谈个恋爱，为什么会这么难?
We just want to have datings,but how difficult it is.

你是不是也曾经，或者现在也这样:

年纪不大不小，却感觉自己像老了好多岁。

总觉得自己已经看透，很懂爱情了，可是爱情是什么?

走在街上，路过的行人手牵手，只有你双手插兜，左手摸钥匙，右手摸手机。

你觉得自己条件也不差啊! 为什么恋爱的人总不是我呢? 喜欢的人，要么已经是别人的人了，要么被错过了。喜欢自己的人，总觉得"不是他"，缺一点点什么。

你也不是没有恋爱过，可你没有珍惜。

因为太浮躁，错过了好多。

有时候咬咬牙想: 算了! 一个人过吧!

可是，有时候听着房间里冰箱的嗡嗡声，真的很想找个人说说话! 希望能有个人陪你看电视! 希望有个人，可以拿来给你思念，哪怕那是苦的。希望流泪的时候，有个人可以给你肩膀靠一靠，可以提供T恤给你擦眼泪鼻涕。

好了，停止抱怨和空谈，你需要做点什么！

找个人来爱你吧！这不难，你需要做的，只有一件事，那就是加入志同道合者的豆瓣小组。

我有一个朋友，就是在那里遇见了她的男朋友！

1 如果你喜欢打羽毛球，你就加入羽毛球小组，参加每周的训练和比赛去！

2 如果你喜欢烘焙，就参加一个西点小组，做一个甜点Party，请大家来吃。

3 如果你喜欢读书，就参加你喜欢的那个作家的小组吧！

4 如果你喜欢旅行，就和旅行小组的人一起去玩儿吧。

5 或者你觉得你最大的兴趣爱好就是自怨自艾，那你也可以参加类似于："我的命好苦啊"、"没有自制力"这样的小组啊。

人在同类中，总是容易放松和愉快的。

我还不信了，在和你兴趣相同的人中，还遇不到一个会喜欢你的人？

很多事情，是需要去做的，如果你只是坐在家里抱怨的话，可不就要孤单一辈子了？如果你站起来积极行动的话，有可能明天你就梦想成真了！

你还可以试试去这样的豆瓣小组寻找你的同类：
You can try to find the same kind through douban team

我习惯了一个人 1
创建于2007-10-24
组长：NANA我亲爱的

我习惯了一个人，
我已经习惯了一个人 。

一个人吃饭、
一个人跳舞、
一个人唱歌、
一个人哭、
一个人笑。

渐渐地我习惯了你给予的一切，
渐渐地习惯越来越稀薄的空气。

就这样接受、
就这样承受。

其实这个组不是消沉的，
即使一个人……我们还是坚强地活着。

为了遇见世界上的另一个我 2
创建于2007-10-01
组长：你明白的><

在世界的另一个角落，会不会有另外一个我？

说不同的话，唱不同的歌。

为同样的事兴奋，为同样的事伤心。

也是否会为花开而感动？

TA偶尔会想起另一个"我"吗？

TA能感应到我的心跳吗？

TA会跟我有相同的烦恼吗？

天啊，我要是能看到另一个我，我一定会高兴得飞起来！

为什么寂寞的时候，我总会特别地想念另一个我……

自制力差 3

创建于2006-06-07

组长：waKe Up

因为自制力差，你都干了些什么？

晚睡强迫症 5

创建于2006-11-06

组长：叉叉

越夜越兴奋！

对于早睡觉这件事情，我实在是无能为力。

长夜漫漫，无心睡眠。我以为只有我睡不着觉，没想到晶晶姑娘你也睡不着哇……

世界睡了，这个小组还神魂颠倒地醒着。

听说马应龙痔疮膏对黑眼圈有奇效。

后来马应龙就真的出眼霜了……

我承认。我折腾T＿T 4

创建于2006-08-18

组长：何诗诗

出门一定忘带公交卡。带了公交卡一定忘带钱包。

带了钱包一定忘带钥匙。带了钥匙鞋还没换。

换好了鞋子把公交卡和钥匙插在钱包里。

然后走出门坐上公交走了一里多地，然后下车打车回来。

这次有可能是忘记带手机……

冬天洗个澡。脱干净了，突然发现换洗的衣服没拿。

围吧围吧出去拿回来脱好了，然后发现毛巾还晾在外面。

再围吧再拿再脱，然后欢天喜地拧开水。

哈哈哈！！脚上还是棉拖鞋……

反正一定要折腾！

头发拉吧直了再电卷。剪短了再接回来。

哈也别说了。哥儿们进来握个手。咱没别的！就是折腾啊！

金鱼记
The thing about goldfish

远方的山边有一朵白云
白云的深处流着一条小溪
小溪的里面住着一只金鱼
金鱼的每天就是游来游去

—— 《金鱼与木鱼》

　　在你下班的路上，会不会遇见卖金鱼的小贩？如果你来了心情，不妨花上一笔小钱，用塑料袋装两条可爱的金鱼回家吧！

　　盛上一缸清澈的水，扑通！一袋活泼的小鱼就回家了。你给它们创造了一个舒服的美美的环境，它同样也能给你带来舒服愉快的感觉！

　　看着体态优美，在水中游动的金鱼，随着它划拨水的韵律，你能感受到鱼的心情，水的心情，也会懂得和它们一样，坚定自在地活在宁静和快乐里。

　　鱼是需要你照顾的，养它，能让你变成一个细心的人。比如，你不能随便用水来养它，自来水、井水、泉水是不能直接养鱼的。你给它的水，是需要经过日晒，沉淀的。放置水的时间需要耐心，换水时，也不要一次全换掉。

　　你可以在鱼缸中放两株鲜嫩的水藻，给鱼儿们嬉戏玩耍的空间，同时补充营养。

　　别忘了定期带它们晒晒太阳。冬天的时候，阳光温和，可以多待一会儿。夏天日照强烈，鱼儿经过暴晒会生病甚至死亡的。适当地见阳光，会让它们更健康，色彩更鲜亮。

　　新鲜的鱼虫，也很重要。死虫坏虫，不但会影响水质，还会威胁金鱼的生命。

　　喂鱼，要定时，少食。金鱼的食量很小，喂食多了，代谢水平提高，耗氧量增加，容易引起金鱼缺氧死亡，剩下的鱼虫，容易腐烂，影响水质也会造成缺氧。鱼儿是容易饱的动物，只要水质健康，一两周不进食也可以。

　　让金鱼欢欢美美地悠然荡漾，还要一个能够痛快呼吸的鱼缸。不要因为小小的水杯漂亮，而把金鱼放进去养，它们因此会呼吸困难。

　　对了，别忘了经常清理鱼缸下面的排泄物。

　　每天，看着幸福满满的金鱼，自己也会被感染的。用轻松的心情，去照顾这些灵动的生命，在它们身上获取智慧，学会优雅地转身，从容地面对。

　　优雅并充满爱的人，必定是可爱的。

"真的有必要吗？"——减少购物
"Is it really necessary?"—Reduce shopping

简朴生活，不仅仅是一种生活概念，还是一种环保概念。这种意识会让你更有责任感，进而影响你整个生活方式、态度和处世哲学。

简朴生活，改变的，不仅仅是生活，还有我们的心灵。当我们离物质越来越远时，我们的心离纯净就会越来越近。

你可以从减少购物开始。

想一想，每一年，我们要买多少东西啊！但是，每天我们必需的东西有多少呢？大多数东西买了以后，有多少真正用到了呢？

所以，从现在开始，不要再随心所欲地购物了，买任何东西之前，都三思而后行："我真的需要吗？"

减少消费的好办法：
Good tips to reduce the expense

1 不去办信用卡，出门都只带来回车费和估计的饭费。

2 写张"真的有必要吗"的小纸条，放在钱包放照片的显眼位置，看到它就会减少冲动购物的可能性，提醒你不该花太多的钱。

3 消费就只买必需的，杜绝浪费。衣服最好买经典款，少买流行款。

4 其实存钱也是上瘾的，只要制定了目标，就坚持，咬牙也得坚持。

5 不去容易让自己产生消费冲动的地方。

6 转移注意力，把兴趣从消费转移到阅读、音乐等体验上来。

7 别老在网上逛，尤其是网店。

8 给自己规定每月零用钱，坚决不超支。

9 每个月拿到工资后，先把其中的一部分强行储蓄起来，其余的再拿来分配生活费、交通费、交际费等，那样既可以存钱又可以买自己喜欢的东西，一举数得。

10 把控制没花的钱放到透明容器内，这样你会欣喜地看到控制消费的成果。

11 开始记账，贵在坚持。

简单的生活，除了控制购物欲，还要从细节入手，做到不浪费。

不浪费一滴水，一张纸，一个塑料袋，一度电……一直坚持下去，一步一步，慢慢改变。当量变发生到质变，你的整个生活也都发生了变化。

很多东西并不是我们想象中的那么重要，
那么不可缺少

Many things are not so important and indispensable
in our imagation

　　我有一个朋友，住在北京城里的一个小平房里，生活自由而快乐，他的小房间，特别干净整洁，全部家当就是一张床，一个书桌，一把椅子，一个水壶，一个茶杯，一把牙刷，一管牙膏，一条毛巾，一块香皂，几件衣服，一个背包，就这样。

　　他说他的东西不多，当他想离开的时候，可以随时离开，没有牵绊和束缚。不管他走到哪里，他都是快乐的，在不同的地方他都有追求的风景，能交到好朋友，能找到工作，生活简单随意。

　　"人能离开很多东西"——他说过的这句话我至今难忘。

　　是的，很多东西并不是我们想象中的那么重要，那么不可缺少。

上个星期的周末，我在家里做了一次"大扫除"，不是普通意义的"大扫除"，而是一次"我的物品"的大整理。从衣柜，到书架，到碟片架，到各种抽屉，阳台……我都好好审视了一遍我的东西。结果发现：每天生活必需的东西简直太少太少了！

也就是说——我的房间里，有大量的废物！它们占据着我很大的生活空间，像无形的东西压在我心上，让我找东西的时候不方便，搬家的时候更不方便，想离开北京的时候，因为它们，多次下不了决心！（我要是走了，这些东西放哪儿啊？）

于是，我开始做"抛弃"的选择。

有些东西，能不要，就不要。

有些衣服，觉得不要可惜，但是放在衣柜里，永远不会再穿，那么就收起来捐掉！

很多剩十分之一却没有再用过，却一直舍不得扔的化妆品，瓶瓶罐罐……既然不会再用，就都扔掉！

各种在商场或者大街收集来的打折卡，一直堆在一个小盒子里，有什么用呢？扔掉吧！

还有一些貌似"值得纪念"的东西。比如，两年以前，我开过的那个小咖啡馆的账本，一直觉得是个纪念，但是，放在抽屉里，我什么时候再去翻看过它呢？所以，还是扔掉吧！

做完了好多"扔掉"的工作以后的第二天，我打开门走进家里，心里突然觉得好轻松！

去摆个地摊，
乐在其中

It is a big pleasure to set up
a temporary stall to sell something

　　这是个好主意！现在"地摊族"在北京、上海、杭州、青岛等大城市很流行！不但可以赚一点额外的小收入，还可以体验到快乐！

　　"白领地摊族"中，有公司职员、学校老师、机关工作人员，还有不少海归。我有一个朋友，是公司的高层，摆地摊儿对于她来说，是一种"放松的时尚生活方式"。每天下班以后，她就开着车来到锣鼓巷口，在一块大红布上整齐地摆放上丝袜、耳坠、手链、唇膏……每天卖两个小时左右，能赚50~100元。挣的钱不多，就是图一乐，还能和各种各样的人交流，体会一种人生经历。这样，比回家就在网上泡着，或者出去吃饭、喝酒、唱歌有意思多了。

　　练摊儿的钱，你可以存起来，年底的时候，拿去买一样你向往已久的东西，或者长途旅行，或者捐给慈善组织。

　　地摊儿向来是创意的集散地，你去摆摊儿的时候，顺便看看别人的地摊儿，说不定能激发灵感哦。

　　如果你家里想扔掉又舍不得的东西比较多，那么建议你还可以在地摊儿上卖一些自己的闲置物品，比如一些曾经很喜欢但现在用不上的衣物或者被淘汰的小容量U盘，等等，这些东西，也许能找到一个更需要它的人。

"也许平时炒股坐在电脑前动一动鼠标，就赚取或赔掉数千元；但摆摊儿不一样，从别人手里接过带着体温的钞票，心里数着，又一碗盒饭钱来了，特别能体会到生活的滋味。"

———位网友的《后备厢练摊成长日记》

你可以向朋友请教进货渠道，或者自己上网订货，也可以去批发市场淘货。

网上有地摊儿族的QQ群，你可以加入他们，交流经验。还可以寻求专门给地摊儿族发货的网站，这样你会节约一些钱！

摆地摊儿，卖的东西不但要质量好，一定还要突出你的个性和唯一性！有新意的原创物品最受人们喜欢！还可以卖一些小百货，比如：手机链、手机套、假发、丝袜等，都很受欢迎。

摆摊儿的时候，不要腼腆，该吆喝的时候，就扯开喉咙喊吧！

你还可以去一些网站，摆网络地摊儿。

如果你有闲得无聊的朋友，叫上他跟你一起吧！

和你的恋人一起去摆摊儿，比去消费娱乐，更能够体验不同的快乐和别样人生滋味。

要注意不要违法摆摊儿，现在，很多城市的城管部门允许在特定时间段和特定区域摆摊儿经营，要去这样安全、正规的地方摆摊。

要学会验钞，小心收到假钱。

找一件母亲或者祖母的衣服来，
体验"古着"的时尚

Find a mother's or grandmother's clothes
to experience fashion on "vintage"

　　潮流，能沉淀下来的就是经典，而好的二手古着（Vintage），
则能让这些经典翻身。

　　有一种衣服，过去能穿、现在能穿、将来还能穿的，它叫"古
着"。

　　古着（gǔ zhuó）是日文的译音，日文称"**ふるぎ**"，又称old
clothes、secondhand clothing，虽然是"二手服装"，但这几年，
由日本流行而来，在年轻人当中非常流行。

　　那些真正有年代的，现在已经不生产的服饰，无论使用的面
料,细节的剪裁甚至用途都是当时那个时代的缩影,有着特殊的味道
和价值。

　　这几年国际时尚界吹复古风，服装设计师把现代元素加入古着
服饰里，洗掉"土味"的同时又带出古着服饰经典的一面。

　　你也可以成为"古着族"的一员。现在的"古着族"年龄从18
岁到40岁都有哦，职业除了学生，还有律师、医生、全职太太等。
"古着族"的共同点是：重感情，与众不同，有自己的个性与主张。

　　其实，掀起复古风潮的，不仅仅是日本，英国也有"古着"
这个词，但是它叫"Vintage"，翻译过来是："古老而品质优良
的"。这个词语，虽然代表着"old"，但并不代表陈旧。

　　"Vintage"体现着一种成熟的经典魅力，一种生活态度，坚持
不放弃，激进而随意，它永远代表着前卫个性的个人时尚观！

Vintage

　　现在，就去翻一翻你家的旧衣柜，看看能不能翻出一件你祖母或母亲的旧衣服，试着把它穿出时尚，穿出古董衫的魅力来。如果能找到，真是你的幸运；如果找不到，你也可以去网店寻找"古着"的专卖店，寻找那些既有旧衣的独特气质，但又能传达摩登意念的衣服，当然，你对它们的理解是你能否穿出它们的关键条件！

北京的四家古着店
The four vintage shop

FUR

鼓楼东大街97—1号

店主表述：Eat drink,and be merry.For tomorrow we maytdie go.

店主是一位做摄影的艺术青年，对古着文化迷恋继而开小店推广之。各种男款女款一件贴一件——牛仔裤、皮夹克、风衣、衬衫、Tee、连衣裙、带流俗的翻毛皮马夹，总之包容了20世纪60年代至90年代来自欧美、日本，以及少量尼泊尔等地的各种经典时髦的老衣服。

除了衣服，还有少量有模有样的精淘的老包，很漂亮的一款CANNO32mm镜头的胶卷老相机，靛蓝和橘黄双色结合的一个旧式眼镜盒，很美，好的东西就是在任何时代都能散发出鲜活生命力。

THE OLD TOWN GIRLS

鼓楼东大街97—2号

喜欢Vintage范儿的姑娘们可在这儿找到她们想要的一切。

"老城市的女孩"只卖古着女装，但绝不挂牌标注男士莫入。店主是一个经常客串下平模、写些小文字的并颇有些小心思的85后女生，这家小店充斥着她和她类似的群体所理解的复古摩登。商品包括很有大蜜范儿的人工皮毛大衣、呢子大衣、各种精致的尖头圆头皮鞋、层层叠叠的连衣裙、材质轻薄的衬衣、包、眼镜、围巾披肩等；风格主要有Rock Abilly、Minimod、嬉皮、disco等，所有古着综合起来，竟是从20世纪初一溜跑到了20世纪90年代。

BAYBAY DISCO

东城区南锣鼓巷38-2号

南锣鼓巷门脸很小的一家店，橱窗布置得复古、时髦，很吸引人，进去后发现空间比臆断中的大出不少。大部分商品都跟80年代出生的年轻人的记忆有关，但都是过去时空里的新东西，没有人用过的，真正的古着在这里目前还只是小部分。店是新裤子乐队的键盘手庞宽和女友所开，除了几件古着连衣裙、一件梅花牌二手运动衣（以后会陆续上些60~90年代的 old style衣裳），还有80年代的铁皮玩具、塑料大头娃娃、黑猫警长转笔刀、大花儿搪瓷茶缸、满是珠翠的首饰盒、耳环、当年很有人气的塑料转色直尺、回力鞋、游戏棋等70~90年代的经典国货。

Vintage store，深藏在东城区老胡同的四合院，长年累月地吸引来自中国台湾、日本、欧美的古着顾客群。店主，男，30多岁，带着10年做古着日积月累的沉淀内敛气质。四合院的冬日里的萧条和窝藏在老瓦陈梁下的Vintage store气质相得益彰，没有什么修饰，没有什么润色，除了大堆的老衣服——挂着的、铺着的、列队排着的，就是空空的惨白的老房间的白墙。

军装风格大衣、永不落伍的黑色呢子大衣、经典款的各种品牌牛仔裤、荷兰产老摩托车、老闹表等，来自欧洲、泰国、日本、中国。光线幽暗，味道沉沉，场地简直可以利用起来拍一个冗长的文艺片了。

选购Vintage指南：
The guide to buy vintage

1 看designer标签，以背景出身定底价。

2 看腋下部位，若有旧旧的汗迹，可以考虑放弃，因为汗迹不容易洗掉。

3 用鼻子闻一闻，若有怪味恶臭，也不用考虑。

4 买的时候，在脑海中与衣柜中的服饰协调搭配一番，造型越清简，越摩登，越容易搭配。初入门者，可从一个古董包包、牛仔裤、夹克着手。

5 脱线、掉珠子，可以修补，不用担心。如果布料已撕破，就完全不值得考虑。

6 如果掉了纽扣，要想好能不能配好。

7 自然的褪色，反而是古董衫的风格，没关系。

8 小心仿冒假货。

穿上平底鞋的纯真质朴
Pure and Plain in flattie

在最浮躁的时光里，我最喜欢看你穿平底鞋。

　　每个人都有过那样的时代：流行什么，就喜欢什么！别人都说什么好，什么就是好！

　　随着年龄的增长，我们从懵懂走向了成熟，开始有了改变。

　　面对纷繁复杂的生活，我们渐渐懂得自己，懂得了坚持自我，忠实于内心，优雅地生活的重要。

　　那个浮躁的孩子，开始渐渐拥有一颗赤子之心，相信一切最自然、最美好的事物。

　　从什么时候开始改变的呢？

　　从学会穿平底鞋开始的。

鞋
shoes

它不仅仅是一双鞋。

它是你对自己的态度。

看你穿的鞋，就能知道你对世界的认识，对生活的态度。

走在路上，是幸福的，人活着，就要不停地行走。 风景，收在眼底，藏在心里。 跟随你的，是你的鞋。

有人会穿着高跟鞋去远行吗？不会，高跟鞋是虚荣的，只好看，不舒服。

只有平底鞋是优雅的、回归的，传达着简约、自由的精神，有些慵懒，但绝对认真、不敷衍。有所经历的人，喜欢平底鞋，他们知道因为柔软而更加坚强的道理。平底鞋让你的脚彻底接触大地，走起路来更接近自我。

穿平底鞋走路，声音很小，步履轻松，低调无争。

但是，选择平底鞋并不意味着与时尚脱轨，平底鞋不但舒服，而且百搭，平底鞋加长裙，能穿出艺术家的气质哦；平底鞋加上牛仔裤，随意洒脱，好像随时都在旅行；平底鞋配上短裙，能穿出很可爱的"小萝莉"。回力甲板也不错啊，穿它回头率很高的，不但怀旧，还支持了国货哦！

我还看过这样一句话："懂得爱穿平底鞋妞儿的男人，会是一个好男人。"
嗯，我同意这句话。

让头发保持自然的黑色
To keep naturally black hair

究竟是"引人注目"重要，还是"坚持自我主张"重要？

女孩们，不管你曾经把头发染成过黄色、红色、蓝色、紫色……你可能不知道，我们身边的男孩们，他们永远喜欢的颜色是——黑色！

男孩子都是有黑发情结的
All boys have black hair complex

东方男孩子们眼中的美女应该永远是一头乌黑的飘飘长发。在他们眼里，这样的女人，有一种最本真的可爱气质。不是有一首歌叫《穿过你的黑发的我的手》吗？如果换成"穿过你的黄发"试试？

黑色的头发，温柔、平和、自然，虽然含蓄内敛，但最符合中国传统的审美标准——就像莫文蔚，纯黑的长发搭配冷艳的妆容，永远让我们眼睛一亮，打心眼儿里喜欢。

现在，连一些好莱坞女明星们都无可救药地爱上了高贵神秘的东方黑发！纷纷把头发染成了黑色哦！在她们的眼里，黑发代表着神秘，代表着性感、魅力。

想想我们自己，真是汗颜啊！天生长了黑色绸缎般的美丽头发，却偏偏要去染它！从红到棕，从紫到黄，烫了染，染了烫。染之前很纠结，不知道要染什么颜色。就算染了喜欢的颜色，80%的人，在两个月之后，都不会再喜欢它。于是又去染，几次下来，头发损伤得不能看了。

还有一个问题是：染发之后不久，就要面对长出来的黑发根。一个头上两重色，真是不太好看。

所以，从现在开始，让头发保持自己的颜色吧！把时间、精力花在对它的养护上，而不是试图彻底改变它！

黑色短发：凌乱中带点儿随性，充满强大的气场。

黑色中长卷：斯文大方、甜美、有气质，散发淑女气质。

黑色长直发：典雅高贵，最原始、最天然的组合，清新脱俗。

黑色波浪长卷：性感浪漫，散发天生的浪漫与狂野。

我个人还觉得，自然发色与布衣服、平底鞋是最相得益彰的。
黑头发，齐刘海儿，超好看。

那些心里有伤的人，
都想有一个树洞

Those injured people
want a hollow tree

"以前的人，心中如果有什么不可告人的秘密，他们会跑到山上，找一棵树，在树上挖一个洞，然后把秘密全说进去，再用泥巴把洞封上，那秘密就会永远留在那棵树里，没有人会知道。"

每个心里有伤的人，都需要一个树洞

The people who hurt by the others need a tree hole

生活中，不一定所有的事情都需要分担、分享，有些话，真的说不出口。

拥有无话不谈的密友或伴侣真是有福，可是，不是所有的话都可以向亲近的人倾诉。

所以就需要有个树洞。

有的人，把日记本当做树洞，向自己的日记本倾诉，长久以来，很多人都这么做。但是，现在的人们已经渐渐不习惯用笔和纸了。

有的人，会在灯光昏暗的酒吧，把陌生人当成一个树洞，因为都是过客，说过就走开了。

有的人，在机场旁边的荒野上，对着腾起的飞机痛快地大喊，那一刻，天空就是他的树洞。

有的人，会在澡堂子里，趴在那儿，对给自己搓背的澡工说话，那个人是他的树洞。

城市里流动的出租车，有时候也是一个个树洞，如果你愿意在深夜里，对这个开车的人，说上两句心里话的话。

甚至，你真的可以去找一棵树，对着它说话。

　　有一个人，在网络上做了一个树洞，界面非常简单，唯一的功能就是让你去书写秘密。去树洞网的人，不需要网名，不公开IP，谁也不会知道吐露秘密的主人是谁。

　　有了"树洞"，你可以把隐藏在心里沉重的垃圾，都倾倒出去。你可以述说自己难以启齿的遭遇，也可以说一说谁也不知道的小秘密，甚至"今天下午自己偷偷一个人在家干掉了10个包子"这样的事情，也可以说的。

　　现在，网络上的"树洞"越来越多，百度上早已有了专门的"树洞吧"，千万计的网友在里面诉说或者倾听，"为了幸福我一定要保守秘密。可是，我今天都说出来了，心里好舒服。"是啊，网络树洞能够让你既在不暴露自己身份的前提下说出秘密，又能得到别人对这个秘密的态度和看法。

　　有些人希望看到别人对自己秘密的反应，当然前提是没有泄露身份的顾虑，看到自己的心声能有人倾听回应，便有一种相知相通的快乐。

　　写到这里，我又想起了梁朝伟，他看着那个树洞，缓慢走上前去，趴在树洞上开始讲话。他说着，说着，没有人能听见他在说些什么……

　　然后，镜头转换了。

　　那洞口已被封住，长出了几缕荒草。

学会过有节制的生活
Learn to lead a modest life

过有节制的生活，就是清醒地对待一切需求与欲望，物质与感情，有自知的尺度。

一个人，如果缺乏节制，就会沉迷于一时的舒服与快乐，失去能得到更好生活的机会。

能克制自己的人，往往有坚忍的意志，在生活的旅途中，不会被丁点儿的痛苦压垮。

想想，你对自己目前的生活满意吗？可能大多数的人都会说不满意。可是，我们每天不都是在追求快乐的生活吗？为什么苦苦寻觅快乐的人，却没有办法得到真正的快乐？

问题的答案，其实很简单，就是，因为生活太缺乏节制。

我们太喜欢眼前的舒服了，甚至会因为一时的舒适而忘记了远处的目标。肆意放纵、缺乏韧性，太随意，就容易随波逐流，随波逐流的人，心里是不会安定的，不安定的心，哪里能得到踏实的快乐呢？

有多少人喜欢肆意贪吃，举杯痛饮，极尽口腹之欲呢？明知肚子已经饱了，头也喝晕了，还是不断伸出筷子，还是不断地举杯。于是人渐渐胖了，小腹隆起，血脂升高，各种疾病不请自到。可是面对下一次的美食，仍然拒绝不了诱惑。

过去，每天下班以后，明明打算回家看看书，可是内心又很想去玩，想去人多的地方，唱歌打牌，享受各种娱乐，于是只要有人一喊，就去了，完全忘记了之前的阅读计划。可是醉酒狂欢，高歌通宵后，留下的往往是虚空。

网络发达了以后，有多少人每天明明该睡了，但是就是离不开键盘鼠标，总是要到凌晨才上床，问题是，熬夜上网的

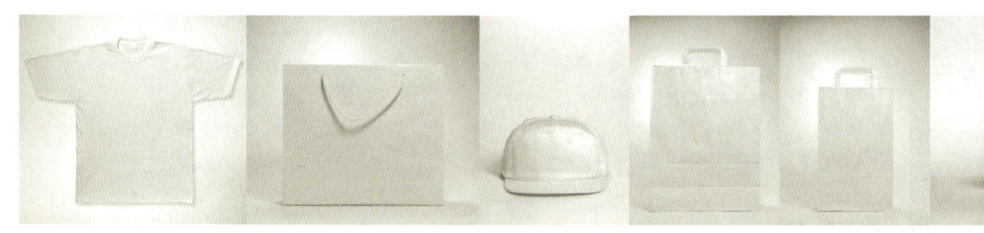

人，大多数干的都是没有意义的事情，他只是该睡不睡，毫无克制。到了早上，明明意识已经告诉自己：该醒了！！！可是，就是那么贪恋被窝的温暖，迟迟不起，最后迟到。

所以，从现在开始，何不让自己过得"苦"一点，过有节制的生活呢？也许，你会惊喜地发现，当你"求苦"的时候，偏偏就"得乐"了呢！

在脑子里搜索一下，有哪些是需要节制的生活细节，然后去做，慢慢地改掉它，其实，也很简单，无非就是：

1 在该吃的时候吃，不该吃的时候不吃。

2 该睡的时候睡，该醒的时候醒。

3 该说的时候说，不该说的时候沉默是金。

4 不肆意享受，不乱花钱。

5 珍惜时间，把每一分钟都拿去做有意义的事情。

6 再好的生活，再好的东西，也不能抓着不放，适可而止。

7 有节制地哭，有节制地笑，有节制地发脾气。

8 如果挣得少，就少花一点，试着去多寻找非物质带来的快乐。

9 也许你不能马上就做到，但是随时要保持警醒，不断地自我审视、剖析，不行就推倒重来。

自己做一条棉布长裙
Make a cotton long skirt by yourself

穿棉布裙子的女孩，可以长发飘飘，也可以顶一个可爱的蘑菇头，重要的是，她身上那条把曲线勾勒出来的裙子，让她袅袅婷婷，走过大街小巷，有种看似漫不经心的优雅大方……这是一幅浑然天成的自然美景，当我们身边有穿棉布裙子的女孩走过，也忍不住要多看几眼。

棉布长裙，有着优良的质地，细致得体的剪裁，或素雅，或华丽，或文静，或活泼，或可爱，或成熟。

纯棉面料穿着很有飘逸感，洗起来也方便。

穿上棉布裙子的感觉，也很温婉服帖，它细细地滑过每一寸肌肤，它的柔软和良好的透气性，让每一寸肌肤都可以自由地呼吸。

穿棉布裙子的你，即便素面朝天，也是干净素雅，恬淡而不失温暖的。

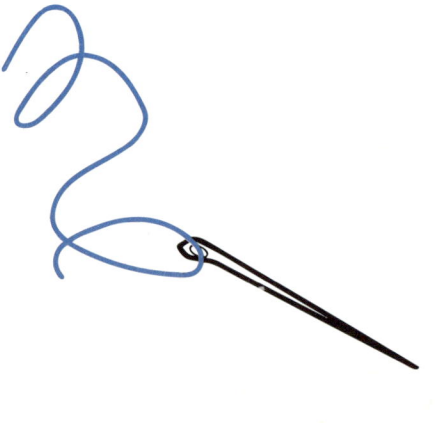

　　这个夏天，何不为自己准备一件这样的礼物：亲手缝制的棉布裙子。

　　材料非常简单，首先，就是去挑选第一眼见到就会喜欢的布料，纯色、条纹、大花，都可以。然后按照你的喜好，来剪裁和缝制。

　　虽然在路边的小摊儿很容易买到手持的小缝纫机，但，自己一针一线地缝制，岂不是感觉更好？

　　长裙是最好缝制的衣物之一，开动脑筋，就完全按照你的想法来做吧！其中的拉绳、装饰的木扣、裙摆的宽幅、裙子的长度，都由你自己决定。

　　穿上自己做的棉布裙子，你一定会非常有成就感的！

去听一个喜欢多年的歌手的演唱会
Listen to a concert of the singer that you like all the time

"那片笑声让我想起我的那些花儿
在我生命每个角落静静为我开着
我曾以为我会永远守在他身旁
今天我们已经离去在人海茫茫
他们都老了吧？
他们在哪里呀？
我们就这样各自奔天涯"

——朴树《那些花儿》

岁月在身边飞驰而过。我们都在偷偷地老去。

往往在校园时代，你所钟爱的歌手最能感动你。

现在的你，每天都在忙忙碌碌，也许连好好听一首歌的时间都没有！

去听一次你喜欢的歌手的现场演唱会吧！你会发现，那种感觉和你在CD机或电脑里听歌有多么的不同。

当歌手站在华丽的舞台上，现场发生的一切，都会感染到你。

你会回忆起，当年，这些歌围绕在你耳畔的岁月，在那些日子里的你和他们。

随着那些老歌一首首地再被唱起，你的回忆也开始循环上演。这其中，每一首歌的背后，都有你自己的故事去诠释。

也许，这是一场在心底期待已久的演唱会，曾经你和谁一起约定过。到如今，身边那个座位，不是他（她）。

逝去的美好，在歌曲中一次次被证明，对谁的思念，又一次次地被唤醒。

也许你已经不会和周围的学生那样一起挥舞着荧光棒，但是不能抑制地在人群中跟着大声歌唱。

或许，在某支歌开始的时候，你会拨上一个号码，与那个懂你的朋友一起分享。也许这首歌讲述了你多年没有开口的心里话，也许这首歌，承载了你们曾经的一段回忆。这种分享，是令人感动的。电话的另一头的他，也许会和你一起哼唱，一起附和，一起回到了你们的故事开始的地方。

当灯光亮起，所有的曲目都已结束，你的回忆也跟随着曲目尾声倾泻而止。

当演唱会结束以后，好好保存这张演唱会的门票，它是你青春的纪念。

不要擦粉了，
只用BB霜和睫毛膏就好了

Do not put on face powder,only use BB cream and mascara

自从市面上有了粉底液和蜜粉之后，我们经常都会被人吓到。

有时候，一个明明自身很好看的朋友，用粉把自己抹得像一个舞台剧演员的时候，我真的很想告诉她：你还是不化妆好看！但是，这样的话，总是说不出口，怕伤害到朋友的自尊。

其实，我们东方人的皮肤底子本来就很好啊！不像西方人有那么多粗大的毛孔和色斑，根本不用打粉的。

粉，这个东西是最不好把握的，一不小心就擦多了，一多了，整个脸就像多了一层面具，就算别人怎么看无所谓，自己也感觉不舒服，不自在啊！

所以，我建议你，把化妆台上的粉底和粉都收起来吧！尽量别用它们！如果实在要化妆，我们就化裸妆！

化裸妆，有个大秘密，那就是BB霜，用过BB霜的人，都知道它有多出色。

BB霜有极强的遮瑕力，均匀你的肤色的同时，很有透明感，不容易被认出来，用它，就能让你的脸马上湿润细嫩起来。

 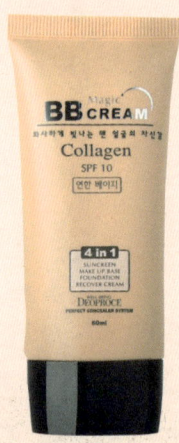 

就算不施粉黛，也一定要强调眼妆

It is ok not to make up yourself,but you must pay attention to your eyes

眼睛是女人脸庞的中心，人和人之间的交流，一定是从眼睛先开始的。

我认识的一些优雅的女朋友，她们可能会在早晨起床后，只涂上薄薄的乳液，然后顶着刚洗好吹干的头发出门，虽然在各个方面都保持自然主义，但是，眼睛除外。

就算整天不出门的你，也可以画画眼睛，振作一下自己的精神，上洗手间的时候，总会不小心看到自己吧！你看着眼睛亮亮的自己，心境真的会有所不同。

我说的眼妆，不是在眼睑画上五颜六色的眼影哦。

就是把睫毛稍微夹一夹，然后涂上睫毛膏那么简单。

但是，就是这么一个小小的工作，会让你马上有了神采！然后在脖子边轻轻喷上一点淡香水，你就可以利落地出门了！

今天，
暂时停止做某件你每天习惯做的事
Today,stop doing one thing that you used to do everyday

习惯有时候是个好东西，但有时候，它束缚住了我们。

也许今天，你可以稍微做个改变——当你开始想要做一件你习惯的那件事的时候，暂时阻止自己，试着找个类似，或者截然不同的事情来做做看。

要有创意。

比如，每天你下班之后，就是回家继续打开电脑上网，

那么，今天干脆拿上泳衣，去游个泳。

比如，你每天习惯在下班的路上，去7—ELEVEN买便当，今天，不妨自己回家熬一点汤给自己喝。

再比如，你习惯每天晚上9点都给男朋友打个电话，今天，就是不打，等他给你打一次吧！

有好多可以改变的东西，对你都有好处。

如果你总是喜欢去辣口味的餐馆吃饭，今天不妨去一家上海菜或者杭州菜的餐厅，不点一份辣菜，而是仔细品味一份水晶虾仁的美味。

如果你习惯每天都喝咖啡，今天喝橙汁。

如果每天你都习惯坐公车回家，今天坐地铁。

如果你习惯看某一种周刊，今天不妨试试买一份其他的周刊来看一看。

只是一个简单的改变，但是，却可以让你看待生命和事物的方式有很大的转变。同时对你的健康，也会有益。

整理你的书架
Clear your bookshelf

　　乱糟糟的书架总是看着心烦，有时候找一本书也会成为一件累人的事情。

　　这是一个适合在假日进行的事情——整理你的书架。

　　如果有人帮你最好，没有人就自己做。就当去健身房锻炼了！

　　首先，你要去房间的各个角落，把散落在各处的书都拿到书架旁边来。

　　然后开始整理。

　　按照不同的类别，把它们分开摆放：历史、小说、教育、商业、生活、绘本……然后在书架的隔板上，贴上一张小标签。这样，你就能很快找到书了。

　　把你最有兴趣和最需要阅读的书，放在你最方便的地方。

　　挑出一两本放到马桶旁边去。可别小看马桶阅读，哪怕每天只看几分钟，一个月下来，你也能看掉一整本书呢！

把一些放在书架上很久也没有看的书找出来放在显眼的位置，比如，沙发的扶手上，没事的时候看一看。但是，就拿那么一两本，看完之后，再拿别的。

有些你觉得好，但是没有用了的书，打个包，寄给希望小学。

整理完书架以后，在你的书架前面伫立3分钟，好好观察你需要看什么样的书。

其实，你看什么样的书，反映出你在过什么样的生活，所以，这是个很好的反省和审视的机会。

如果觉得自己的书真是太少了，那么下一次，别忘记拿玩网络游戏、上开心网的时间去逛逛书店，补充补充你的书架。

整理和补充书架，不但能让你的房间换上不同的感觉，而且还会让你的生活变得更有秩序。

去看一场体育比赛
Go to watch a sporting game

如果能去看一场专业的比赛最好，在城市里的各种体育馆，每年都会有各种各样的比赛，你可以在网络上了解赛事信息，然后买票去看。如果没有这样的条件，你也可以去看你的朋友他们自己举办的足球比赛。

找一个天气晴朗的日子去看体育比赛，是一件愉快的事情。记得擦上防晒霜，戴着太阳帽，叫上最好的朋友。如果是大型的比赛，你们还可以带上口哨。当然，如果场地允许的话，冰激凌、可乐、零食，也是必不可少的东西。

观看体育比赛，是一次很好的体会"体育精神"和思考生命意义的时间，"体育精神"，包括"竞争"、"自我超越"和"团结协作"。体育比赛的最大魅力在于有规则的、公平的、平等的、和平的竞争。运动场上，无论是总统还是平民，无论是明星还是新人，都会站在同一起跑线上，听同一声号令，没有尊卑贵贱之分。

体育比赛的另一个魅力在于不停地追求与超越，追求人类的健美、智慧、愉悦；追求人类社会的友谊、和平、公正、进步；它挑战人的生理极限，通过更快、更高、更强而不断实现自我超越。

因为生命在于运动，你能在观看体育比赛之后，激发自己的运动激情。

不过，如果是在国内观看足球比赛，千万要注意文明，不要一激动，就说脏话。

有些运动项目，是不适合呐喊助威的，比如网球比赛、台球比赛等。

如果有机会，一定要去看一场花样滑冰的比赛，那真是一种美的享受。

观看体育比赛的提醒：
Tips for watcthing the sport games

1 观看室内的比赛，像乒乓球、体操、举重之类的项目，不要一惊一乍地叫好，尤其是运动员做准备的时候，或准备发力时，忽然的声响会影响他们的成绩。

2 观看室内的比赛，请把手机关掉，想象一下，当跳水运动员正在酝酿发力的时候，你的手机突然唱起了《香水有毒》是不是会影响运动员的成绩？

3 如果带相机去赛场，记得关掉闪光灯，闪光灯会影响运动员的发挥。

4 很多体育场馆的观众座位之间的走道都比较窄，所以尽量不要带大包，以免给自己和别人都造成不便。

5 要尊重运动员，不仅要为我们中国的运动员鼓掌加油，对别的国家的运动员，你也应该报以热烈的掌声！

6 看完比赛，自己制造的垃圾要带走。

现在开始，
进行一门小语种的长期学习

From now on,
sticking to learn one language,but not English

　　多学一门语言，就像多打开了一扇窗户，我们就可以进入另外一个世界，获得不同的体验，享用更丰富的人生。

　　如果你对哪一个国家的文化感兴趣，就去学习他们的语言吧！不是为了升学和工作，不是因为大家都在学。你要学，完全是因为你对它有兴趣。

　　不要把它当成一件有负担的事情，你没有时间限制，你想学多久，就学多久，如果你没办法每天都练习，那也没关系，但是，你心里要对自己做一个"长期"的承诺，不要轻易地说放弃。

　　即使一个星期你只能用3天来学习，每次只能半个小时，也没关系，只要你坚持下去，一段时间下来，你会发现自己惊人的进步。

Sawubona

Hola

Sholem aleychem

добрыйдень

Bonjour

여보세요

Sa-wat-dee

Bonjour

Namasté

Guten Tag

Hallo

Kumusta

Hoi

Bok

你可以不去报班学习，就用自己找来的学习资料。必要的时候，寻求外界的帮助。

这也是对自己自控力和恒心的很好考验。

不要频繁地去计算自己的成绩，只要起了个头，然后定期看看自己到了什么程度就行了。对自己的评判只是评判而已，学了多少就是多少，不要对自己说："怎么才进步这么一点？真是没用！"你不要急功近利地学习，更不要三分钟热度地去学。

想一想，平时我们浪费了多少时间？每天点击网页就要花去好几个小时，这些时间拿来做一件让自己进步的事情，不是更好吗？

你所需要做的，就是遵守对自己的承诺。相信我，勤奋的回报，自然会随之而来。

Buongiorno

去逛美术馆
Go to gallery

　　不忙的日子里，我差不多每个月都会去美术馆。休息日如果没什么事，美术馆的阅览室里，肯定能找到我；在美术馆里，我经常会遇到和我一样的人，早上10点多过去，一直待到闭馆。对于这些人来说，他们是幸福和富有的，在这个大城市里，不管他们住在哪里，美术馆就是他们的后院和书房，就像自家的一部分。

　　艺术就在我们生活中，随处可以找得到。而在美术馆里，你可以看到各个时期的，不同风格的艺术作品，你可以只需要花10块钱的门票，在美术馆用一整天的时间来研究你喜欢的作品。

　　有的美术馆，还会发一种类似于公园月票的年卡，只要缴纳为数不多的年费，就可以在当年不限次数地参观美术馆。

　　随着我们的社会越来越开放，美术馆里的展览也越来越丰富，从大师的古老油画，到新锐艺术家的摄影展，一场接着一场，叫人眼花缭乱、应接不暇。哪一个时期的艺术品最吸引你呢？什么因素让你喜欢它呢？是因为主题？材质？构图？还是色彩？你喜欢抽象作品吗？

　　美术馆有非常广阔的艺术资源，经常会请艺术家、艺术评论家来做演讲。艺术家、艺术门类、经典作品、艺术流派……都是演讲的主题，你还有机会和你喜欢的艺术家近距离接触，还有机会向他提问。

　　参观完美术馆，回到家里，你还可以继续对你喜欢的艺术家做更深入的了解，去找一本关于他的书来看，并且去网络上搜索他大部分的作品，看一看他从年轻到成熟时期的风格转变，在内心里想一想：这究竟是怎么样一个人？通过他的作品，来体会他的内心世界。

去隐居一段时间
To live in solitude for some days

　　如果你的生活里，遇到了需要冷静思考的事情，或者你仅仅是因为厌倦了，不妨离开你的日常生活，找个地方隐居一段时间。

　　这个地方可以是某个风景怡人的地方，也可以是你从小生活的乡村，也可以是海边，甚至城市里某个不为人注意的小角落。

　　你到那里去，就是去那里待着的，可以每天什么都不做，只是想一想你的人生目的，或者你遇到的难题。

　　没有计划，没有约会，没有承诺，没有义务。

　　没有未完成的工作或者待办的事情。

　　没有人需要引起你的注意，你也不必在乎有没有人在意你。

　　你可以去当地的菜市场买菜，提着带着露水的绿叶菜，给自己做一顿简单又新鲜的午餐，一个人静悄悄地把它吃完。

　　你可以观察当地人是怎么生活的，当地的小孩喜欢玩什么游戏。

　　你可以舒舒服服地睡个午觉。

　　这段时间之内，谁也找不到你，你的手机关机了，你也不会用网络，你不再主动和任何人联系。

　　这样的隐居日子，能够让你更好地沉思和反省自己。

　　等你知道如何解决心中的事情的时候，你可以选择返程。你不可能永远隐居下去，那样会有人担心你。

　　等你回归日常生活，你会感觉就像经历了一次长长的度假，原来觉得索然无味的事情，也许又有了新的感觉。也许，你又重新爱上了这个每天生活的城市。

好好准备，
过一个暖暖的冬天
Well prepare to live though a warm winter

　　当树叶开始黄了，凉风渐起的时候，大多数人都会感到害怕和失落，因为寒冷的冬天，又要来了。

　　我们无法阻止冬天的来临，就像无法阻止有些人要离开我们一样。

　　既然无法阻止，那还不如好好地拥抱它！

　　为过冬，做一个好好的准备吧！

　　首先你要确定你的房子是不是够保暖，如果你租住的房子往年总是感觉暖气不足，那么今年就主动和房东联系吧！把这个问题解决掉。

　　你可以给稍微漏点小风的窗户缝隙，贴上透明的胶带，再换一个厚厚的窗帘。

　　你的被子够厚吗？

　　把你的毛衣拿出来，全都洗一洗，晒干，然后叠进衣柜。再把夏天的衣服都收起来。

　　你可能需要再添置几双厚的棉袜了！

　　你可能需要一个可以随时喝到热水的热水壶，几十块钱一个，去买一个吧！

趁冬天还没有完全到来，你可以开始动手给自己织一条围巾了。买几两毛线，两根粗棒针，每天拿闲暇的时间织两针。冬天来临时，即使是狂风肆虐，你也不用双手紧紧抓住衣领，围上自己织的围巾，感觉真的不一样哦。

　　冬天来的时候，户外活动少了，你需要准备在家里窝着时，享受电影碟片和书，专门去挑选一部吧！当窗外刮着凛冽的风雪，你惬意地靠在沙发上，喝着一杯热腾腾的绿茶，有一本好书陪伴着你，难道你还会说讨厌冬天吗？

　　只要做好了准备，你就不用再害怕冬天了，反倒会尽情去享受它！

　　也许你在买这本书的时候，是夏季，这段内容你看了，让你没有感觉。但是，先放一放吧，再过几个月，这样的文字，你又会觉得很需要了。

听着耳机，去散步
Listening the song and walking

　　散步，可不是情侣和老人的专利。大多数不散步的人，只是不知道它的好处而已。

　　吃过晚饭以后，你会做什么？是不是又继续扑在电脑前，或者看电视？

　　如果你没有在傍晚散过步，那么今天下午，就出门吧！

　　散步的健康意义就不说了，老话不是说嘛，"饭后百步走，活到九十九"。

　　每天生活在空调和汽车尾气、电脑浮尘中的我们是需要一些户外活动的，养在鱼缸里的鱼都需要换换水，我们难道不需要出门去呼吸呼吸外面的空气，舒展舒展筋骨吗？

散步不一定去风景宜人的公园，大街小巷，也有它的意趣。

散步一定要穿舒适的鞋子，不一定要快步疾走，走得一身大汗，你自己想怎么走，就怎么走好了。

散步时，有伴侣说说话当然好，没有伴侣也可以，东张西望看看擦身而过的异性也没有人管你，在路上和散步的大妈牵着的小宠物交流交流，招猫逗狗，也很有趣。

在夏天的傍晚散步，还能看见晚霞，太阳落山，把人的影子拉得好长。

害怕寂寞的人，可以专门备上一个散步用的耳机，要用那种音效好的耳机，这样才能让你的耳朵带你进入鲜活的世界。

你可以带着任何一种你喜欢的音乐去散步，听着直接灌入耳朵的音乐散步，感觉更加生动，尤其当某一首最能触碰你内心深处的歌传来时，走在路上，你能感觉到自己的步调和平时完全不一样呢。

不过还要做个小小的提醒，当你戴着耳机听着歌，走在公共场合的时候，千万注意不要下意识地跟着唱起来，你可能听不到自己的声音，但会吓到路边的行人！

抓抓他的后背
Pat his back

这是一个秘密：他喜欢你给他抓后背！

只是抓后背，就给他如上九重天的感觉，这个小小的动作，能够让你们更亲密。

反正两个人在家也没事，不要等他主动要求，你可以主动提出：我给你抓抓后背吧！

提供这项服务，一定要用心，把你的手，视为你的心，要把最好的感觉带给他。

可以一边抓，一边问他：感觉怎么样？轻了，还是重了？这里，还是这里？

有时候，你要判断出，他到底喜欢指甲直直地移动呢，还是转着圈儿挠。

你可以根据他的语言指挥来做，比如："再往上，对，往左……对，对，对，就这里……"，然后欣赏他飘飘欲仙的声音。当然，当他指挥你："九点钟方向……三点半……"的时候，你可不要犯晕哦！

要注意的是，给他抓后背，要注意手是暖和的，并且不要留长指甲。想象一下，本来你想做一件温暖气氛的事情，可是却把他给抓得跳了起来，背上留下红红的血痕……

　　你对他的服务，他会记在心里的。

　　给他抓痛快了，让他也给你抓一抓。

制作简单的植物、
昆虫标本书签

Make simple bookmark
of herbarium and Insect Specimens

　　前阵子善美姐来我家做客，送给我一套印刷版的花卉书签，每一枚都是精致的手绘图案，在另一边，还特别附上了花名。当时一看到这套书签，我马上就爱不释手，尤其是当她告诉我，这是她自己亲手制作的时候，敬佩之情油然而生哪！

　　于是我也开始动了个念头——收集我所见的身边的植物、昆虫，亲手制作特别的标本书签！

　　它可以是一片小叶子、一片花瓣、一只蚂蚁，不要太大，能夹进书本里就好，写上它的名字和采集的时间，久而久之，你会拥有一套独一无二的标本日记！

　　当你开始收集大自然的斑斓色彩时，渐渐会发现，你会为每一个生命惊叹，它们的美丽竟然如此动人。

植物标本书签的制作方法：
The way to make the specimen

1 采集植物素材。花、茎叶、果实、种子都可以作为书签的材料，植物一般以草本为主，不宜太厚。花可以选择千日红、情人草、满天星、百日草等；茎叶可以选择彩叶草、吊兰、三叶草、九重葛等；果实或种子可选择麦子、红毛苋、狗尾巴草等。不用整株的植物也可以，一片花瓣，一片叶子，混搭一下，也会有很好的效果。

2 干燥。将采集的材料展平，用厚重的过滤纸或其他吸水性强的纸夹住，压在厚重的书里一至三周，待植物水分完全蒸发就可以了。

3 设计。你自己先设计一个书签样式的草图，然后将不同种类植物的花、茎叶或种子合理搭配，无论色彩、造型都要尽量别出心裁。

4 粘贴。将压平、干燥的植物根据草图设计，用胶水粘贴在卡纸上。注意卡纸的色彩、花纹与质地都要搭配。在一边你可以附上它的名字，采集的日期，还可以加上和这个书签风格匹配的一段诗句。

5 塑封。可以用塑封机，将它塑封起来，这样便可以更长久地保存，不易损坏。

6 穿丝带。将塑封好的书签上端中央处，用打洞机打一个圆形小孔，穿一根小巧的丝带，丝带的色彩要与花草的色彩相协调。

7 DIY的标本书签让你多了一个爱书的理由，它带有你独一无二的特别气质，同时也是一份最能体现你的品位的好礼物，怎么样？动手试试吧！

没钱也要一个人旅行

Go to travel even if there is not enough money

我们为什么一个人旅行
Why should we travel lonely

也许是为了超脱出现有的圈子，更轻松自在地享受陌生的环境！

也许是为了净化自己的心灵，找回自己……

也许是因为想将自己放逐……

也许是为了那种想去哪里就去哪里的感觉。

也许是因为自己好累。

也许是为了一场艳遇。

或者就是为了纯粹折磨一下自己。

很奇怪，在每天生活的、熟悉的地方，我们都很害怕孤独，但是到了陌生的环境，我们反倒能体会到独处的乐趣，通过独处，找到一些沉淀在最底层的平静和快乐。

一个人旅行，大多数人都会为了忘却或者纪念吧！

我曾经在一次失恋之后，有过一次长达半年的长途旅行。带着一颗破碎的心，不停上路。走过的每个地方都有和他一起时的味道。虽然听着街边小音像店里传来的歌声想哭，想马上转身回家，但还会继续往下走。一路上，看到好玩的、好看的，都想告诉他，愿意和他分享。可是，这些，他都不会知道了。

就是这样，为了忘却，去一个人旅行。

可能最终还是没有忘，但是，我绝不后悔那次的上路。

一个人的旅行很自由，走走停停都可以依自己喜好，不用考虑同伴的感受。一个人，你可以一直沉默地走下去。

简朴行走，心灵自由，和"有钱""没钱"无关。

其实能一个人旅行的机会不多，所以要好好珍惜。

中国火车票网
China Train tickets website is
HTTP://WWW.HUOCHEPIAO.COM/

怎样订到最便宜的机票
How to get the cheapest Air Ticket

可以去"去哪儿"网站上找找，那有很多各地的折扣机票信息。
如果是出国，可以看看亚航，不定期推出的特价机票。

中国各地青年旅舍
The youth hotel in China

在这里，青年旅舍的定义是：入住者以年轻人为主，价格在10~60元/天/床位，是预算有限的自助旅游者及背包族最常考虑的住宿地点之一，大多数还提供交谊厅和厨房等公共设施，为年轻人从事户外活动以及文化交流提供便捷。

北京 BEIJING

北京实佳国际青年旅舍 010-65272773 东城区南小街史家胡同9号 100010
北京东方晨光青年旅舍 010-65284347 东城区东单3条8-16(东方广场东配楼) 100005
北京城市国际青年旅舍 010-65258066 东城区北京站前街1号
北京远东国际青年旅舍 010-63018811 宣武区铁树斜街113号 100050
北京工体国际青年旅舍 010-65524800 朝阳区工人体育场（9台） 100027
北京兆龙国际青年旅舍 010-65972299 朝阳区工体北路2号 100027
北京莲花青年旅舍 010-66128341 西城区西四北七条29号 100034
北京雍和国际青年旅舍 010-64028663 东城区雍和宫大街北新桥头条56号

上海 SHANGHAI

上海考拉国际青年旅舍 021-62278481 西康路1447号 200060
上海老船长青年旅舍 021-63235053 福州路37号 200002
上海乐途国际青年旅舍 021-52510808 白兰路136号 200063
上海新易途国际青年旅舍 021-63277766 黄浦区江阴路57号 200003

安徽 ANHUI

安徽黄山国际青年旅馆 0559-2114522 黄山市屯溪区北海路58号 245000

黑龙江 HEILONGJIANG

哈尔滨小杉树国际青年旅舍 0451-83005008 南岗区学府路83号 150086

大连 DALIAN

大连海韵国际青年旅舍 0411-2394026 大连市中山区667号104舰 116018
大连华南国际青年旅舍 0411-2496830 大连市西岗区迎春路1号 116013

内蒙古 NEIMENGGU

宾悦国际青年旅舍 0471-6605666 呼和浩特市塞罕区昭乌达路中段 010050
呼和浩特伊泰国际青年旅舍 0471 2233388 呼和浩特市东影南街69号 010010

陕西 SHANXI

西安书院青年旅舍 029-87287721 西安市大南门内西顺城巷甲2号 710000
西安钟楼国际青年旅舍 029-87231203 西安市北大街1号(钟楼邮局大厦北邻) 710003
西安七贤国际青年旅舍 029-87444087 西安市北新街七贤庄1号5号院 710004
西安汉唐驿青年旅舍 029-87287772 西安市西大街211号文理学院内（西大街百盛西隔壁）

山西 SHANXI

平遥天元奎国际青年旅舍 0354-5 680069 平遥古城明清古街73号 031100
平遥衙门官舍 0354-5683539 平遥县衙门官舍69号 031100
临汾红楼国际青年旅舍 0357-2082222 临汾市贡院街7号楼西 041101

河南 HENAN

洛阳明苑青年旅舍 0379-3194668 洛阳市西工区解放路20号 471000

山东 SHANDONG

烟台国际青年旅舍 0535-6936988 烟台市经济技术开发区泰山 路北端18号 264006
青岛凯越国际青年旅舍 0532-82845450 济宁路31号

青海 QINGHAI

青海桑珠青年旅舍 0971-3594118 西宁市互助中路94号 810001

湖南 HUNAN

凤凰国际青年旅舍 0743-3260546 湘西市凤凰县沱江镇沙湾11号（虹桥东关门旁）416200

张家界国际青年旅舍 0744-2115051张家界市 市城区天门路873号(三角坪老西部国旅旁) 427000

浙江 ZHEJIANG

杭州青年旅舍 0571-87918948 杭州市南山路101号 310002

杭州江南驿青年旅舍 0571-87153419 杭州市西湖区下满觉陇路32号 310008

杭州桐庐巴比松国际青年旅舍 0571-64241960杭州桐庐大奇山国家森林公园旁 311500

杭州湖中居青年旅舍 0571-87975883 杭州市 杭州杨公堤赵公堤4号

杭州吴山驿青年旅舍 0571-87018790 杭州四宜路四宜亭96号 310002

江苏 JIANGSU

南京中山陵国际青年旅舍 025-84446688 南京市石象路7号 210000

南京夫子庙青年旅舍 025-86624133南京夫子庙平江府路68号 210001

无锡国际青年旅舍 0510-82755990 无锡市人民中路49号 214002

苏州国际青年酒店 0512-65180266 苏州市竹辉路186号 旅舍主页

HYPERLINK "http://www.yhasuzhou.com" \t "_blank"
http://www.yhasuzhou.com

福建 FUJIAN

厦门国际青年旅舍 0592-2082345 思明区南华路41号 361005

四川 SICHUAN

成都林业青年旅舍 028-83416580 成都市人民北路一段6号 610081

成都梦之旅国际青年旅舍 028-85570321 成都市武侯祠大街242号 610041

成都龙堂国际青年旅舍 028-86648408 成都市宽巷子27号 610014

成都市交通青年旅舍 028-85451017 四川省成都市临江中路6号 610041

成都观华青年旅舍 028-86914422 成都市西珠市街42号 610017

广东 GUANGDONG

广州滨江青年旅舍 020-83834110 广州市沿江东路405号 510130
广州国际青年旅舍 020-86666889 广州市环市西路179号 510010
珠海国际青年旅舍 0756-3333838 珠海市珠海度假村酒店 519015
深圳侨城旅友国际青年旅舍 0755-26601293 深圳市华侨城恩平街3栋

广西 GUANGXI

阳朔西街国际青年旅舍 0773-8820933 桂林市阳朔西街102号 541900
阳朔桂花巷青年旅舍 0773-8814077 桂林市阳朔镇西街桂花南巷60号 541900
花满楼国际青年旅舍 0773-3839625 桂林市中山南路尚智巷6号2栋 541002
桂林后街国际青年旅馆 0773-2819936 桂林市人民路3号 541001

云南 YUNNAN

昆明大脚氏国际青年旅舍 0871- 4103777 昆明市篆塘路23号 650032
昆明国际青年旅舍 0871-5175395 昆明市翠湖南路94号政协宾馆C座 650031
昆明茶花青年旅舍 0871-3163000 昆明市东风东路96号 650041
大理古城国际青年旅舍 0872-2662418 大理古城博爱路181号 671003
大理四季青年旅舍 0872-2670382 大理古城博爱路55号 671003
香格里拉国际青年旅舍 0887-8226948 迪庆市香格里拉县城建塘东路北侧 674400
丽江古城庭院青年旅舍 0888-5102339 丽江市大研镇光义街忠义巷46号 674100
丽江老谢国际青年旅舍 0888—5116118 丽江古城新义街积善巷25号 674100

海南 HAINAN

三亚蓝天国际青年旅舍 0898-88182320 三亚市东海新村20号别墅 572021

花很少钱的快乐——放风筝
Easy happiness—flying a kite

因为我知道你是个
容易担心的小孩子
所以我在飞翔的时候
却也不敢飞得太远
就算我偶尔飞翔到云间
我希望你能看得见
就算我偶尔会贪玩迷了路
也知道你在等着我
我是一个贪玩又自由的风筝

—— 陈升《风筝》

放风筝的季节到来了，今年又是和谁一起去草坪上追赶它呢？

听一个朋友说，小的时候，爷爷总是带她去放风筝，在很大很漂亮的茶山上，那个简单的红色风筝，系着她童年的梦。在后来，她随父母一起来到了城市，风筝也再没升起过。有时，她从公园路过，天上飘着风筝，她甚至忘记了抬头看一眼……有一天，一只断线的红风筝突然从天上掉下来，落进了她的怀里……我这个朋友，当时就泪流满面……

你曾经也有欢乐自由的童年，你曾经也带着你的风筝去奔跑么？你跑在广阔无垠的大地上，它飞翔在万里无云的天空中，那线，连着天地，连着时空，连着童年。

成年的你呢？步履匆匆地路过风筝小摊位，你会不会突然停住脚步，看一眼挂在墙上的风筝呢？

　　想回到童年的你，就像风筝想回到天空，那么，就不要犹豫，花很少的钱，买一个风筝，出门去吧。

　　春天和秋天都适合去放风筝的时节。
　　也不一定非要去郊区，路边的天桥上，不也有人拉着一根线，仰望天空吗？
　　还有公园里，那片草地上，也有好多人在放风筝呢！
　　天空有了风筝，便有了仰望的人。
　　看一看你身边同样在放风筝的人，那个认真放风筝的老头儿，他的身上，有没有令你感动的东西呢？

　　风筝飞得多高多远，都是靠你手中的线来掌握，当它垂头消沉时，你要用力扯一扯手中的线，提醒它抬头挺胸。

放风筝的技巧：
The skills to fly a kite

1 确定风的方向，提着线逆风而站，风筝迎风而飘，若方向搞反，风筝是无法起飞的。

2 将风筝和线牌距离拉到3~5米远，这样便于风筝起飞。

3 等待有一阵风吹来的时候赶紧升放，边跑边看风筝起飞情形，要慢慢地跑，这样风筝也是慢慢地飞。

4 风筝起飞后，边跑边放线，直到风筝升起到相当高度，没有下降趋势。

5 把握放线或撤线的时机，风力不够时，必须频频快速用力向后撤线。风筝有下降趋势时，须迅速收回一部分线，直至风筝在天空托住不坠。

6 收回风筝时，不要太快，避免收线过急，如果风筝与地面所成角度越来越大，收线过急的风筝就有俯冲跌落的危险。

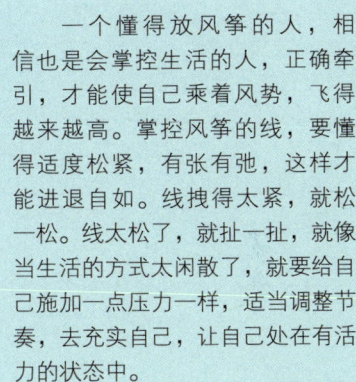

　　一个懂得放风筝的人，相信也是会掌控生活的人，正确牵引，才能使自己乘着风势，飞得越来越高。掌控风筝的线，要懂得适度松紧，有张有弛，这样才能进退自如。线拽得太紧，就松一松。线太松了，就扯一扯，就像当生活的方式太闲散了，就要给自己施加一点压力一样，适当调整节奏，去充实自己，让自己处在有活力的状态中。

　　只要手中的线还在，那么一切就还尽在掌控之中，生活亦是如此。

　　在民间相传，将风筝送上天空，将线剪断，任其飘逝，就可以把一年的病痛和烦恼一同带走。无论是否将线剪断，放风筝的确能给你带来释放的感觉。试试看，你的风筝能飞多高多远？

玩Lomo
Play Lomo

    曾经红极一时的Lomo相机，颠覆了很多人对摄影的理解，它的出位快速吸引了年轻人的视线，逐渐地在年轻的人群中流行开来，成为了他们的一种生活方式，生活态度。

    Lomo的特点是，色彩夸张，成像粗糙，画面周围有不同程度的暗角，画面模糊，形式感，还有多格重复的波谱。恰恰是将这些集成在一个相机上的时候，奇迹就发生了。

    Lomo相机擅长在画面中制造出某种奇妙的气氛，释放出梦幻、躁动、力量。就像年轻人的性格一样，张扬、不羁、追求自我。

    如果你对传统的摄影方式已感到枯燥，不妨来试试Lomo这种独特的风格。

    只需要花很少的钱，就可以买到一个Lomo相机，你还可以注册加入网络的Lomo论坛，和高手交流经验，迅速上道。

    玩Lomo还有一个体验就是，在每个人都有数码相机的今天，当你把不一样的照片给朋友看时，得到赞赏的那一瞬间，真是舒服极了！

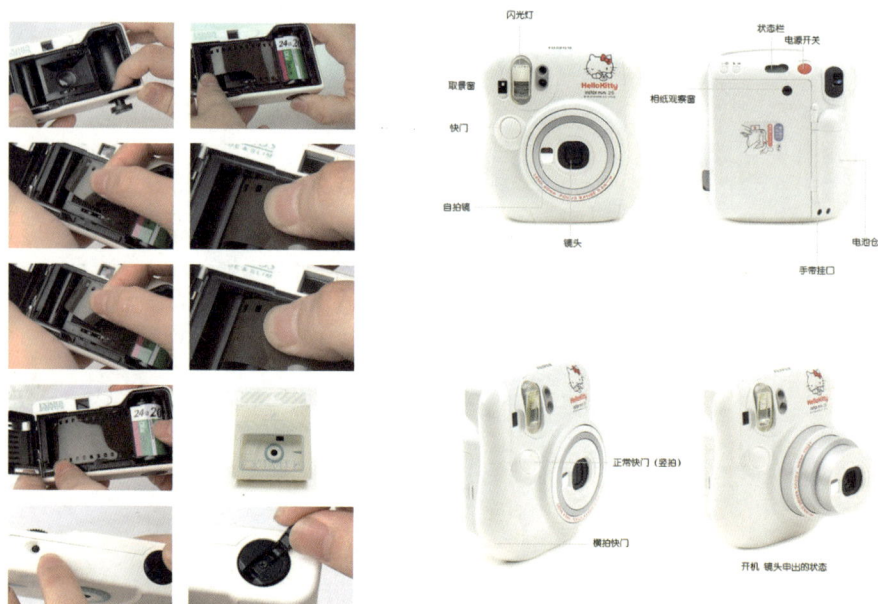

Lomo经典机型:
Main Lomo Model

经典款LC-A

这款产自俄罗斯的Lomo神器，因为全线停产，一下成为Lomo一族的抢手货，而L—CA兼备Radionor博士所创之绝世好镜：32mm广角镜高感光度、清晰捕捉图像，色彩感觉在Lomo相机中无机能比!

机身轻巧的 Supersampler 一按就得四格全景连环图案，无须观景器兼备独特拉环设计，轻易拍出精彩动态。

Colorsplash为你的世界添上新色彩。先转动闪灯上的颜色轮，选择心水好色，然后对准目标一闪! 不同的主题和闪灯颜色，配合不同的外来光线和曝光时间，就能产生无限潜在的技术和结果。

记住: Colorsplash 是一种哲学。就让Colorsplash带你进入此哲学世界。

COLORSPALSH FLASH

内置了滤镜滚动条，可同时放入四张颜色滤镜，只要转动旁边的彩色轮就可以随意选择喜欢的闪灯颜色，有色闪灯令照片更加古灵精怪，正合Lomographer的胃口。

波普视觉POP 9

一按即有九格相同影像，以3格乘3格相同画面呈现，有内置闪光灯。

ACTION SAMPLER四格相机

让你拍、拍、拍，拍个痛快! 把一秒内的事一分为四，从新组合成为有趣的画面，充满动感! 是户外活动的最佳摄影伴侣。只需以一般菲林及冲印方法即可。

精彩绝伦的四格Action Sampler，以最简约的科技实践新鲜的摄影概念——没有对焦、光圈、快门上的限制，一按就能把相片一分为四，捕捉连环动态。以35mm菲林及普通冲晒方法便可。

HOLGA

全世界最便宜、最独特的120中幅相机。Holga的塑料透镜，布满许多严重的缺点，在边缘和色彩变形，塑料照相机机身经常漏光，在影片前进和快门线之间没有连接，在使用期间导致许多意想不到的多重曝光。使用它照出来的相片更加具有不可预测性。

因为Lomo是胶片机，胶卷的费用自然省不掉，但是可以将冲好的胶卷底片扫描为电子格式，最后挑选出得意的作品，做成巨幅照片墙，展示出来。

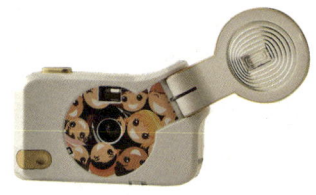

记下那么一句让你眼眶发热的话

Write down one sentence that move yourself

我是个泪点非常低的人，经常在看电影的时候，眼泪涌上来，将画面模糊。有时候听音乐，听到某句歌词就不行了，必须马上摘下耳机，长久沉默，不能释怀。也许是因为"文字太轻，回忆太重"，有时候会在看一本书的时候，泪水打湿了枕头。有时候，会因为某个人，因为某个人的某个动作，某条短信，某个梦……而情难自禁。

说实话，快三十岁了，还那么容易哭，确实挺难为情的。但是，这有什么呢？泪点低，是因为我们的心还柔软，因为我们还没有老。

看《非诚勿扰》，喜剧，我居然哭了，不是因为葛优和舒淇的感情故事，而

是因为秦奋对邬桑说："这些年，钱对我不算什么，就是缺朋友……" 看到邬桑自己开车到了田野深处，突然停下来，伏在方向盘上痛快地流泪，那一刻，我也受不了了。

更让人难以置信的，有一次，听郭德纲，我也感动得要落泪，他说了一句话："但行好事，莫问前程！！"

不知道你们是不是也经常遇见那么一句话，每次看到，或者听到，都会忍不住泪流满面。你可以用一个笔记本，记下这些生活里，让你眼眶发热的话。等你无聊的时候，翻开来看看，再次体会内心的湖水缓缓荡漾的感觉。

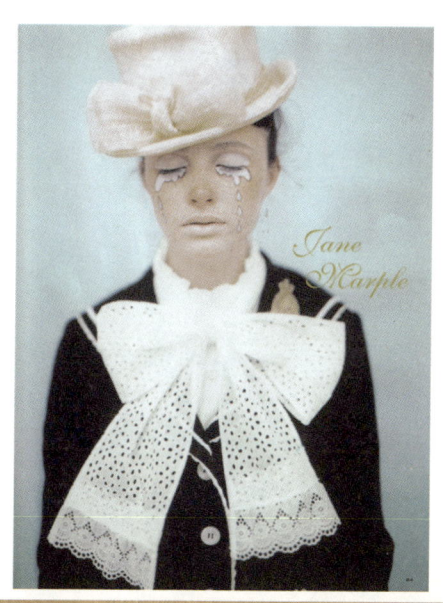

Mathilda:Is life always this hard,or is it just when you're a kid?

Leon:Always like this……

——《杀手莱昂》

每当想起竭力地把我当成一个人对待的你，我就不会忘记自己是一个人。即使身处无尽的永恒黑暗，关于你的记忆也一定会成为一道光明，把我从迷惘救出。

请写下让你热泪盈眶的话：

Please write down one sentence that move yourself:

留意69个小细节，
把保护地球的责任给自己一份

Pay attention to 69 details,
burden the responsibility to protect the earth

环保，是我们一直常常关注却又经常被忽略的问题，最近，云南的旱情、全国的沙尘暴灾情都引起了人们对生态环境的密切关注，3月27日8：30~9：30，很多人都参加了全球熄灯仪式。但是，有多少人，会注意在生活的细节里去环保呢？刻意去实践过，比如坚持把垃圾分类丢弃到不同的垃圾筒、不随便吐口香糖等。

这个世纪里，环保比任何事情都重要。其实，环保生活不仅仅是为地球尽一份力，实际上也节省了您的开销，可谓两全其美。下面介绍的这些绿色环保生活的小细节，看看你能做到多少。

这些小事，我们都可以做到，举手就可以做到，不需要你花额外的时间与精力，不妨试一试。

1 从家里开始环保
Begin to protect the environment starting from home

- 打扫清洁家居，减少使用化学清洁剂或杀虫剂
- 用柠檬及炭等消除异味，代替化学空气清新剂
- 食具不大油腻时用暖水清洗，减少使用洗洁精
- 室内外多种植物可使周围阴凉，减少开风扇、冷气
- 时常留意保养电器（特别是冷气机），减少耗电
- 选用效能好的电器用品（参考消委会的介绍）
- 非必需的电器（电动牙刷等）可以少买
- 若不是太热时，用电风扇代替冷气较省电
- 冰箱放在阴凉角落可省电，开门取物后尽快关上
- 冰箱不储存太多食物，这样省电又减少中毒危险
- 使用日光灯及省电灯泡较省电，更可多利用天然光
- 离开房间时关掉电灯和冷气机
- 冷天多穿衣服，必要时才开暖炉
- 储积一机的衣物才开洗衣机，既省水、省电又省工夫
- 多用淋浴少用浴缸，可省下许多水
- 多用快锅或焖烧锅煮食，既省燃料又省时间，更保存营养
- 多用蒸、煮、炒的方法煮食，可节省燃料
- 厨房里用餐布一样卫生，不必用大量的纸巾
- 煮食时分量不必过多，以免浪费
- 尽量用密封盒或瓶装食物，减少消耗保鲜膜
- 采买用可回收材质包装的商品，少买其他包装
- 不买象牙筷子或其他稀有动物的产品
- 药物及残余食物不要冲入厕所，应包好放入垃圾箱
- 选购白色卫生纸，可以减少颜料污染，用草纸更好
- 用电动剃须刀，不用刀片剃，减少浪费金属资源
- 多用自然物材料，少用塑胶及人造纤维
- 必要时才采购，选购耐用又款式不会过时的一类
- 采用二手家具，减少不必要的购买
- 采用乳胶漆少用磁漆，因为水溶性油漆污染较少
- 用电子电话簿，节约纸张

2 吃也能环保
Eat environmentally

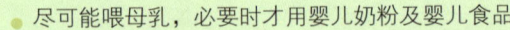

- 尽可能喂母乳，必要时才用婴儿奶粉及婴儿食品
- 多在家里进餐，少上馆子，可减少浪费及污染
- 多自制饮料食品，有益健康又省钱，更保护环境
- 食物添加物往往对人及环境都有害，避之则吉
- 多吃蔬果少吃肉，个人健康有益，地球更减少破坏
- 快速及空运来的食品都耗用大量能源，污染环境
- 高度加工的食品对人无益，更浪费资源兼污染
- 即溶饮料及即食食品浪费资源，污染环境
- 吃燕窝、鱼翅、鲍鱼、穿山甲等野味，残害生灵又破坏自然生态
- 尽量用散装茶叶，少泡茶包，节省资源，减少污染
- 尽可能买有机蔬果，减少化肥及农药，害人害地球
- 试试自己种植蔬果，既有益身心又有满足收获
- 多选购本地及临近地区产品，减少运输能源及污染
- 多光顾传统市场，可以减少过分包装及加工食品
- 郊游及远足自备水壶，少买包装饮料
- 少光顾高度浪费资源（例如用发泡胶盒）的餐饮店

3 穿得环保
Wear environmentally

- 多选自然纤维（棉、羊毛、麻等）衣物，少买人造纤维衣物
- 适量地添置衣物，买得太多会浪费资源
- 建立个人衣着风格，不必为了流行多买时装
- 多穿不用烫仍然得体的衣服，例如T恤，可以省电
- 可把旧衣服改装翻新，既省钱又省资源
- 多穿二手衣服，例如哥哥姐姐给弟弟妹妹
- 干洗衣服耗用化学物质污染环境，可免则免
- 不买皮革以免危害野生生物，养动物做皮革会浪费资源

4 出行减少污染
Decerase the pollution when going out

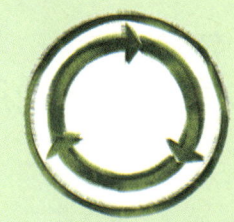

- 多用公共交通工具，必要时才乘出租车
- 尽量不买不用私家车，如要使用的话应妥善保养
- 汽车采用不含铅汽油，用省油的方法开车

5 绿化工作环境
Greening working environment

- 有毒的文具（例如麦克笔、修正液)尽量少用
- 节省用纸，必要时才影印或电脑打印
- 自动贩卖机浪费又污染，尽量自己冲制饮料
- 自备简便茶杯餐具，减少免洗餐具等的使用

6 在学校推行生态教育
Carry out ecology education in the schools

- 多举办绿色展览、讲座、比赛、幻灯欣赏活动
- 在校内及社区举行污染调查，设法控制
- 争取小食部多售对环境及健康都有益的饮食
- 必要时才影印笔记，减少耗用纸张

7 生活习惯保护地球
protecting the planet from hobby in life

- 多做室外活动，少逛商场，少到空调室内运动场
- 多做不会污染环境的运动，例如太极、气功、慢跑、健行
- 自己设计玩具，既益智、省钱，又有满足感
- 自制礼物或贺卡，既有心意、省钱，又省资源

每个星期，拿一天吃简单一点，
清清自己的肠子

Eat simple at least one day each week

　　最近我看到一个可怕的数字——都市人的排便量与20年前相比，下降了20%左右。而且，我们的消化速度，和过去的人们相比，也减慢了10倍！也就是说，过去的人，8个小时能消化的东西，我们可能需要80个小时！多么可怕！

　　还有一个更可怕的现实是：我们的身体，如果处在最佳状态的话，肠道里的垃圾，都有3~6千克，如果是胖人或者经常便秘的人，肠内可以多达十几千克的垃圾！

　　体内的垃圾会阻碍营养吸收，即使我们每天吃的都是有益健康、有营养价值的东西，但养分还是无法真正吸收到，因为肠子吸收的，永远都是在体内过期的东西。

　　肠道里的垃圾会发酵、胀气，它们产生的化学毒素会污染血液，加重体内器官的负担。所以，经常便秘的你，是不是常常感到疲劳和睡不够？

　　宿便会让身材变形这个事实，就不用多说了吧？我们的肠道，正承受着前所未有的压力，清肠行动，必须马上开始！

　　健康，是一切生活的前提，所以，何不从现在开始，一起来执行一套简单的清肠行动？不但可以排毒，还可以减肥哦！

小建议：
Small advices

1 每天早上起来，喝一大杯温开水。这个习惯，要雷打不动。难吗？不难吧！

2 每天步行40分钟到1个小时。或者干脆就骑车上班好了！

3 每天一定要吃到蔬果，最好是不同颜色，品种在3种以上最好。如果你觉得实在吃不下，可以打成果汁来喝。

4 每个星期吃一次排毒餐，利用大量食物的纤维清洗肠道。具体方法是：

拿周末的某一天，每餐只吃这样的东西：
● 早餐：一小碗燕麦，煮好后，晾到80度左右拌入蜂蜜＋香蕉1个
● 午餐：一杯酸奶＋ 一个地瓜（蒸熟连皮吃）＋苹果2个
● 晚餐：一杯酸奶＋ 一个地瓜（蒸熟连皮吃）

这样清淡的饮食，不仅能让你每天大鱼大肉的胃感到愉快，还能让堵在你肚子里的垃圾动起来，直到第二天被排出体外。

吃排毒餐那天，记得衣服要穿得宽松，有空的时候，轻轻揉揉肚子，帮助刺激肠蠕动。

无便一身轻，想一想，坚持一个月下来，身体里那6千克的垃圾都不见了，心情是多么的愉快！

每天认认真真泡个脚

Soak your feet every day

　　记得很小的时候，一家人睡觉之前，都要用热热的水泡个脚。我和妹妹因为年纪小脚也小，就在一个盆子里洗脚。煤炉子上烧开的水还冒着热气，4个小脚丫，在热水里泡着，泡完了，用干净的大毛巾擦得干干净净才睡觉。我们一起泡脚，一直到十几岁才分开。泡脚，那种带着浓浓的家庭温情的习惯，至今还在脑海深处。

　　不知道从什么时候起，我们就不泡脚了，睡前洗澡，顺便把脚冲一冲就好了。

　　搬到城市里住以后，因为工作忙，每天都很疲劳，睡眠也不好，可用过了很多的办法解决，都不管用。

　　因为穿高跟鞋，脚上总是磨起厚厚的趼子，如果夏天老穿人字拖的话，两天下来，脚就会沾满灰尘，干得脱皮。

　　有一天，我看着自己惨不忍睹的脚，觉得自己应该泡个脚了。

　　于是找来一个大盆子，一边放着碟片，一边泡脚。旁边放一个热水壶，水凉了，再倒一点热的，一点点，慢慢地加进去。一种忙碌后的闲散心情油然而生。脚在热水里升腾起的暖意慢慢沁入心脾，直至浑身发热，头皮冒汗……

　　那天晚上，我倒头入睡，醒了之后，觉得身心舒畅。

　　后来，我也拉着男友一起泡脚，我帮他烧洗脚水，嘘寒问暖，给他添加热水，洗完之后，递一条厚厚的柔软的毛巾给他，然后再去帮他把洗脚水倒了。能为他做这些事，我也是幸福的。

　　泡脚，是平民和富翁都能享受的幸福，它是一件多么方便实施的事情！只需要一个盆子和一壶热水，就能促进血液循环，帮助身体暖和起来。暖和，对一个人来说，太重要了，人温暖了，身体才能健康运转。

1 泡脚的同时，你还可以听听音乐，看看书，做个面膜，哪怕看一个无聊至极的韩国连续剧，都是一种放松啊！

2 泡脚的水温呢，可以定在45度左右。或者说，就是你的脚需要稍微忍耐一下才能忍受的温度。

3 泡脚的时间看你喜欢了。但也

要看你的体质，泡到微微出汗，就好了，泡脚后，后背、额头、鼻头微微出汗的感觉，真是酣畅淋漓，对于一直在空调的环境上班生活，又缺乏自主运动的我们，每天通过这种方法让废物伴随汗液排出，是再好不过的一件事情了。

4 不过，千万不要让自己泡得大汗淋漓，那不但不会让你解除疲乏，反而让你更加虚弱。

好好对待你的脚吧！泡完了热水，给它涂抹一点乳液，让它不再干燥脱皮，还可以找一张足底穴位图来，对照着按一按足底穴位，就是要这样好好对待自己！

善待身体，
身体也会回报你的

Well treat your body,
the body will pay back for you

　　"善待身体，善待自己"这是人人都懂的道理，但是在生活
中，你真的这样做了吗？

　　你是不是经常熬夜？

　　你是不是能够在电脑前一坐就是十几个小时？

　　你是不是经常暴饮暴食？

　　你是不是很少运动，或者总是坚持不了？

　　你是不是喜欢和朋友在一起喝个烂醉如泥？

　　有时候必须要抽两支烟？

　　生活的压力太大，每个人都会感觉到身
心疲惫，于是，小小的放纵会让我们的身体
得到片刻的解脱。

　　为了这片刻的解脱，我们甚至不惜
牺牲身体。

　　也许真是那样，只有生病的
人，才会知道健康的重要。当
我们身体很健康的时候，总
是不那么在意，一切天经
地义，父母所给，上帝
所赐，情理之中，无可
非议。

　　直到有一天，身
体已透支到了极限，
开始出现病痛，失去

了往昔的活力，才意识到健康问题不容再忽视。

而病好了的人，又开始忘记了。有太多的人，在健康的时候，忘记了健康的重要，当健康离去的时候，才追悔莫及。
"善待身体，善待自己"似乎只能成为一句口号。

失去健康，难道只是你一个人在受苦吗？
身体难受只是其中之一呢！
生病了，你的时间没有了，你必须在医院里待着，好多你想做的事情，没法去做。
生病了，你也没有精力了，你只能全心全意和疾病斗争。
生病了，你辛苦挣来的钱，只能拿到医院"挥霍"。
更重要的是，当你生病的时候，有人可能比你更难受，那就是你的父母、亲人、朋友。他们看着你痛苦的样子，却又无法帮助你！他们宁愿生病的是自己！
看吧，你不珍惜自己，不在乎自己的身体，要给多少人带来伤害！
如果你知道自己不是自私地活着，你身上还有担子，有责任，也许你就会开始有所领悟了。

所以，为了关心你的人，请从现在开始，善待自己的身体，珍视健康吧！

首先要从自己的生活习惯上去检讨，有什么不对的习惯，要慢慢改变，逐渐修正。
改变生活习惯，往适合自己的、顺应自然的方向去改正。
定期为身体做体检，千万不要讳疾忌医。
坚持下去，身体会告诉你，这样的改变是对还是不对。不要半途而废。
不但要照顾好自己的身体，还要放宽心态，洒脱一点。
不要心急，要循序渐进，爱惜自己的身体，是你终生的事业。

善待身体，身体也一定会回报给你，试试看！

去网上下载一个记账的软件，开始记账的生活

To search an bookkeeping software from internet, start your bookkeeping life

"早饭3.5元(一碗馄饨、一杯豆浆)，午餐8元(套餐)，手机充值100元，公交卡往返刷卡4元，超市购洗发水24.3元……"

这是我2010年3月10日的衣食住行的各项开销。

现在，记账过日子，已经不再是老一辈的"专利"了。年轻的人们，也开始来过量入为出、精打细算的日子吧！

过去，我没有记账的习惯，钱花到哪里了，我全不知道，每个月底，该还信用卡的时候，是我最伤心后悔的时候！

有一位全球知名的理财专家有句名言："不能养成良好的理财习惯，即使拥有博士学位，也难以摆脱贫穷。"

记账虽然琐碎，却对理财大有好处，记账可以告诉我，每个月手头的钱流向了哪里，使它们不至于流失于无形；还可以让我掌握自己的开支情况，做出快速反应，发现自己是不是花掉了不该花的钱；它能帮我每个月省下不少的开销，把钱投入到未来幸福的计划当中。

过去，我每个月的开销在4000元左右，开始记账的第二个月，我突然发现自己只花了2900多块钱！真是喜出望外！

记账的方式有很多种，你可以去文具店买那种漂亮的账本，手工记，一定要坚持下来。

我以前也用过记账日记本，但是坚持真的很难，有时候下班一忙一累，就忘记了。

不妨试一试，在网上拥有自己的账本。网络账本的好处在于，在办公室和家里都可以记账，而且一旦遇到偷懒的时候，网友的评论和留言就来了！"记账靠坚持，加油哦。"怎么样？是不是有一些小小的压力？

因为有网友们的监督，你会把记账坚持下去。

有空的话，你也可以去别人的账本看一看，学习学习别人节约开支的经验，或者留言监督他们。

另外，不要忘记用一个漂亮的信封来装你每天产生的小票、发票、银行扣缴单据、刷卡签单、提款单据哦，它们也会帮助你的记账井井有条。

钱包网
http://www.qian8ao.com/

　　钱包网不是卖钱包的，但它确实和你的钱包有关。简单说，钱包网是：免费在线记账工具+以钱为主题的社区。

　　在这里，你可以拥有一个属于自己的账本，记录日常开支；还可以结识好友，一起讨论和钱有关的任何事情。

蘑菇网
http://www.gmogu.com

　　用蘑菇网，记的不仅是账，更是一种生活态度，消费时尚，选择蘑菇钱包，是选择一种绿色生活，让我们的发财蘑帮助您管理钱，创造钱，真正提高您的财商！

账客网

http://www.jizhangla.com/

　　你不理财，财不理你！把握你的金钱，勒紧你的钱包！理财从记账开始，记账就从今天开始！

从现在开始，
改掉拖沓的毛病

From now on,
please give up the habit of dilatory

　　过去，我不知道：拖沓，也是一种心理疾病。

　　比如说，明天就要交专栏的稿子了，心里明明已经心急如焚，打算吃过晚饭就开始写，但是，总忘不了先查一下邮箱，然后去打开冰箱倒一杯酸奶，然后再看看开心网，造访一下朋友的博客，接着再吃一块巧克力，然后，才坐在电脑前……可是刚坐下来，又觉得干脆先去把澡洗了。然后又去洗澡，洗完澡擦润肤露……然后再坐回电脑，打开空白Word文档，这时，MSN一个朋友又和我说话了。等真正开始敲字，已经晚上11点了！

　　有拖沓症的人，还会有这样的毛病：

　　信用卡账单一定要拖到最后一天还；

　　衣服堆成小山，想洗却一直没动手；

　　约了朋友吃饭，却发现已经到点了自己还没出门；

　　宁愿玩游戏给博客贴照片、在各大论坛看帖子，不到最后一刻不开始工作；越重要的工作越拖延得久；在白天本来可以完成的工作，一定要耗到晚上。

　　怎么样？很有共鸣吧！确实是这样的，有拖沓症的人，总是觉得时间过得很快，宁愿让要做的事情沉甸甸压在心里，也不愿意马上速战速决！

　　其实，人都是有惰性的，每个人都有拖沓的时候，如果这些事情只是偶尔发生一两次，那你还是正常人，可如果你经常这样，那就是患了拖沓症了。

不管你信不信，全球有近十亿人患有拖沓症。他们不是没有责任心和懒惰，其实，有拖沓症的人，很焦虑，总是被负罪感包围，但是，他们仍然没有力量去改变，总是重蹈覆辙。

那来看看怎么解决这个问题吧！

1 一定要迈出实质性的一步——动起来！

不能总是沉浸在焦虑感和内疚感之中，要多一点积极情绪，开始行动起来！

2 把事情分清主次，做当下应该做的事情。

把你要做的事情分一分，把你要做的事情分成急并重、重但不急、急但不重、不急也不重四类，然后依次去完成它们。

3 学会分解。

拖沓的根源往往是逃避压力，所以，学会把大任务分成小任务，然后一个一个去完成它就没那么大的压力了。

4 消除干扰。

关掉QQ、MSN，关掉音箱，关掉电视……把一切会影响你工作效率的东西统统关掉，全心全力地去做事情。

5 互相监督。

找个人来监督你，但是不要不耐烦。

如果以上建议都没有效果的话，没办法，你只好去看心理医生了。

别再睡懒觉，
起来晨跑吧！

Don't sleep lately,
get up and go to run in the morning

　　站着不如坐着，坐着不如躺着，谁不喜欢柔软的被窝，甜甜的美梦？谁喜欢在寒冷的冬天，毅然决然掀开被子跳出来呢？

　　不容易啊！早起。

　　但是，就算你是资深的夜猫子，天天晚上不睡，早上不起，但总有过因为什么事需要上个闹钟挣扎着起来的体验吧！跳下床那一刻，晕晕乎乎，真是很痛苦吧！

　　可是，当你收拾齐当出门了，很少早起的你，是不是有过这样的体验：突然神清气爽，精神愉快起来！

　　知道为什么你会愉快吗？因为早上的空气是一天中最好的，街道上还没有太多的汽车在跑，噪声也少，阳光还是浅红色的，草地上的露珠还没干，买菜的大叔大妈提着鲜嫩的蔬菜走在路上。早晨，你看到的是一个鲜活的世界，和中午起来看到的充满压力竞争的世界完全不一样，怎么会不心怀喜悦呢？

　　而且你会发现，因为早起了，这一天不但没有因为少睡了觉而为委靡不振，反而因为多出了一点时间而提高了工作效率，一天的精神反倒比睡懒觉还饱满了。

　　现代生活，有时候真的很荒谬，这种事情，不知道你是不是也干过，那就是："开着车，坐着电梯上楼，去精装的充满汗臭的健身房踩跑步机"，这不是很可笑吗？

　　因为起得早，一天都是快活的，那还犹豫什么，赶快改变吧！早起，出门，去跑一跑吧！大自然这个健身房，有充沛的氧气给你，还不要钱！

晨跑的时候，要注意一下：

出去晨跑，要穿得舒适轻松，不要穿硬底鞋，尽量穿鞋底较软的运动鞋。鞋带不要系得太紧。

晨跑尽量选择树多的地方，少去主干道，要注意安全。

跑步的姿势要避免足跟先着地，应该用前脚掌先着地，充分发挥足弓的弹性，做好缓冲动作。

晨跑前后，做一做热身活动和整理活动，要充分活动开。

晨跑的时间，可以听音乐，也可以学英语，一举几得，何乐而不为呢？

不要等了，想到就做，
制作你的梦想清单！

Do not always wait, just do it as you think,
make a list of your dreams

　　"如果生命只剩下一天，你会怎样度过？
你会去爬高山吗？你会去亲吻梦中的女孩吗？
你会向某个人倾诉自己的一生吗？"这是现在
全美国最火暴的一个真人秀节目开播前的广
告，它煽动了很多人的心。

　　美国的真人秀电视节目《被埋葬的生
活》，讲的是四个朋友制作了一张梦想清单，
并想尽办法实现它的过程。

　　"被埋葬的生活"，这个名字说得多好
啊！我们不是每天忙忙碌碌，疲于奔命，被深
埋在日常生活琐事的泥沼中了吗？可是谁又甘
心呢？

　　一个叫克里斯托弗的男孩看到这个节目动
心了！他看到电视上的人毫无恐惧地出发，他
也开始想做自己喜欢的事情了。

　　于是，他也写了一份梦想清单，这个清单
上有一个梦想，叫："跳伞"！

　　于是，他就去做了，坐飞机到了天上，然
后纵身一跃，跳到了7000米的上空。他的心跳
急速加快，他大声呐喊，一生愿望的清单中，
"跳伞"这一项，可以画掉了！

　　所以，也制作一个你的梦想清单吧！不需
等待，想到就去做，不要到了生命的终点，才
想到人生中未竟的理想。这个清单可以有长期
目标，可以追求个人成就，可以是旅游的目的

地，然后毫不犹豫地去马上行动，做完一项，就画掉一项。

这样的清单，会让你的生活更有意义，让你更懂得欣赏生命。梦想，会帮助你逐渐摆脱烦琐复杂的日常事项，将越来越多的时间用于精神生活，让你在身体健康的时候，把每一分钟都活到极致。

"真正实现你的童年梦想"

这个讲座的视频在网络被点播了上千万次，被《华尔街日报》誉为"一生难觅的最后的讲座"。

讲座的主人，兰迪教授患了胰腺癌，只剩几个月的生命。他说，小时候，他的梦想是在嘉年华上赢得超大型动物玩偶，体验无重力的环境，参加全国橄榄球联盟的比赛，当《星际迷航记》中的库克船长，写一篇百科全书的文章，以及加入迪斯尼梦幻工程队设计迪斯尼乐园的云霄飞车。

看，这些梦想，多么杂乱无章又充满童趣，但是，对于个人来所，它们给予我们的意义重大！

童年的梦想，是不会在你的内心中消失的，尽管被尘封，但一经引诱，就会呼之欲出。

兰迪教授的讲座，有两个结论。第一是："今天的讲座不是讲如何实现你的梦想，而是如何让梦想引领你的一生。"

第二个结论是："今天的讲座其实不是为你，而是为了我的孩子。"这是兰迪教授留给他三个孩子最宝贵的遗产。相信他的孩子会依据他"最后的讲座"，用梦想引领自己的一生。

现在开始，给自己的明天列个清单，那样，你离梦想中的生活就更近了一步！

如果你的梦想清单上，写着"中大奖"，那没办法，马上出门，去买彩票吧！

享受你的地铁时光

Enjoy the time in the subway

至昌平 TO Changping

龙泽 Longze　回龙观 Huilongguan

龙背村 Longbeicun

颐和园 Yiheyuan

北宫门 Beigonmen

圆明园 Yuanmingyuan

西二旗 Xierqi

森林公 Senlingong

奥林匹克 Olympic P

成府路 Chengfulu　Shangdi

五道口 Wudaokou

奥体 Olympic Sports Ce

中关村 Zhongguancun

黄庄 Huangzhuang

万柳

学院路 Xueyuanlu

八达岭高 Badaling Expressw

苏州街

科南路 Kenanlu

知春路 Zhichunlu

花园东路 Huanyuan donglu

双榆树 Shuangyushu

学院南路 Xueyuannanlu

大钟寺 Dazhongsi

动物园

积水潭 Jishuitan

鼓楼 Guloud

新街口 Xinjieko

平安里

西四 Xisi

灵境胡 Lingjing

西单

天安 Tian'anm

和平 Hepingm

陶然亭 Taoranti

角门北 Jiaoment

马家楼 Majilou

地铁，在地下20米幽深的通道，在拥挤的人潮中，挟风呼啸而过，连接着城市的每个角落。

地铁，有一些拥挤，还有一点喧嚣。但是，它灯光如昼、迅疾如风，让你转瞬之间，转移到另一个地方。

如果你每天都要坐地铁上下班，何不好好享受这一份属于你的地铁时光。

其实，地铁生活很辛苦，可是，当那么多的人和你一样辛苦的时候，也就感觉不是那么辛苦了。

地铁准时，不用等太久，不管刮风下雨，它是肯定会来的。

地铁运载量大，车次又多，哪怕这班挤不上去，下一班在几分钟之内，就会停在你面前。

地铁不会堵车，任凭地面堵得水泄不通，在地下，它仍旧快捷如风。

太平庄北
Taipingzhuangbei

平庄
huang

至顺义 To Shunyi

北京首都国际机场
Beijing Captial
International Airport

立水桥北　北苑
Lishuiqiaobei　Beiyuan

水桥
qiao

大羊坊
Dayangfang

大屯
tun

干杨树
Ganyang

u

北土城东
Beituchengdong
和平西桥
Hepingxi

n

和平里
Hepinglib

宫
gong

北新桥
Beixinqia

路
nglu

东四
Dongsi

市口
ikou
st

Dongdan
东单

井
jing

崇文门
Chongwenmen

器口
ikou

天坛东门
Tiantandongmen

蒲黄榆 Puhuangyu

刘家窑 Liujiayao

家庄
ang

劲松
Jingsong

Jiukeshu 九棵树

Liyuan 梨园

Linheli 临河里

Tuqiao 土桥

亦庄轻轨　Yizhuang light Rail

　　地铁没有车厢外的风景看，在地铁里，看得最多的，就是人，各种各样的人。这正是观察陌生人的好机会，这里，有一切背景的人们，城里人或是乡下人，穷人或是富人，公司总裁或是小职员，下岗工人或是大学教授，大明星或者家庭主妇，都在这里了。所以，地铁是平等的空间，同时也是包容的。

　　冬天的时候，我经常看到一对情侣，他们可能没有钱去温暖的咖啡馆消费，就一人买了两块钱的地铁票，在吹着暖气的地铁里，来来回回地穿梭，要么依偎在座椅上，要么随便找个站下去走一走，地铁是浪漫的。

　　有时候，我会在深夜的最后一班地铁里，看见一个有座位却要站着的姑娘，披着长发，看着漆黑的隧道……地铁的窗外什么也没有，我使劲地想看看，她的视线之处，究竟有什么风景，可最终见到，只有她孤寂的身影。原来，地铁是孤独的。孤独的人，都喜欢看着地铁漆黑一片的窗子。

　　地铁也是一个让泪水决堤的好地方，恋人放手，不说再见，只看见他（她）的脸庞被疾驰的列车带走。

适合在地铁里看的书：
The books which are suitable to read in the subway

1 一个人上东京　　作者：(日)高木直子

我要上东京实现梦想！我要上东京做个闪亮的都市人！我要上东京发挥插画的创意！但是……高木直子为了实现"我想去东京当插画家"的梦想，一个人离开老家到大城市闯荡，将初次面试的紧张心情、迷路在犹如迷宫般的地铁、遇到怪怪的推销人员、面对穿衣服比炫的都市人等的事丝丝入扣地描述，面对不习惯的都市生活，辛苦的事情比开心的事情多，有时候还会浮现"我到底离开老家做什么呢""搬到这里是不是一种错误呢"的心情。这本书将这种开心难过、忐忑不安的心情用图文的方式描绘出来，你一定会备感温馨且开怀大笑。如果留在老家，也许现在会过着另外一种幸福的生活，但是想想现在也不赖啊！

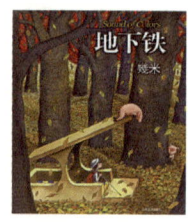

2 地下铁　　作者：几米

一个失明的小女孩，在15岁生日当天，决定一个人在城市里探险。她战战兢兢地搭乘地下铁，从一个陌生的小站出发，前往另一个陌生的小站。旅途中，她一边回忆、拼凑、感觉、摸索这被黑暗笼罩的世界，同时也感受到新的希望、新的方向和新的生命力。随着小女孩的步伐，我们逐渐看清"地下铁"蕴涵的黑暗世界，也看见潜藏在黑暗中的质疑、希望与美丽幻想。

3 理想的下午：关于旅行也关于晃荡　　作者：舒国治

我几乎可以算是以赌徒的方式来搏一搏我的人生的。我赌，只下一注，我就是要这样地来过——睡。睡过头，不上不爱上的班，不赚我不乐意赚的钱。每天挨着混——看看可不可以勉强活得下来。

4 这些都是你给我的爱　　作者：安东尼

《这些都是你给我的爱》讲述兔子男孩安东尼失恋后，为找寻曾经恋人一心向往的那棵"开满鲜花的树"，而环游旅行的故事。

安东尼用一贯深受读者青睐的无标点文字风格，用淡淡的语言，倾吐少年恋慕和成长的酸涩心事。正如他的最佳拍档插画师Echo所说，"这是我们每个人都会经历的那一段年少时光啊。你很傻地爱着一个人，有个人傻傻地爱着你的，那段时光。被书写，被传唱，被演绎了一遍又一遍的，很多很多年以后，在一本书、一段音乐、一片微醺的光线里，倏忽记起的，那段时光。"

5 趣味门萨　　作者：(英)肯·拉塞尔

《趣味门萨》：全世界唯有智商榜前2%的人才有资格入主门萨，绝世聪明，从《趣味门萨》开始！该书作者——世界顶尖门萨专家卡特和拉塞尔撰述了近百部门萨测试、智力题、填字游戏类图书，在世界各地广为传颂，锻造了无数"凡人中的天才"。

加入门萨只有一条路可走：参加门萨提供的测试或是被门萨认可的其他测试并获得骄人战绩。这么说吧，全世界唯有智商榜前2%的人才有资格入主门萨，或者说，要进入门萨，必须比全球98%的人聪明！准备好了吗？绝世聪明，从《趣味门萨》开始！

6 疯了!桂宝　　作者：阿桂

有这么一个非常非常疯的男孩，他的名字叫做桂宝。虽然他的表情常常特别严肃，但是任何日常普通的事情，像上厕所、谈恋爱、吃饭、上街这些事，一到了他那里，就都会变得爆笑、古怪和疯狂。在桂宝的世界里，每个事物都是有生命的，绿豆、电灯泡、铅笔、包子、馒头都有自己的个性，在它们身上都有非常搞笑新奇的故事。不得不承认，离桂宝太近的人，是一定会疯的，呵呵。

一起进入阿桂哥的奇思妙想异世界吧！！！

适合在地铁里听的音乐：
The musics which are suitable to read in the subway

1 王若琳：从这里开始　Start from here

这张专辑收录了丰富的曲目。包含了7首原创英文歌，3首Joanna自己的创作，2首西洋经典的翻唱，以及5首中文歌曲。一共17首曲目，双CD单片价，希望从各种不同的角度让大家感受Joanna声音的魅力。最受圈内人瞩目的新人、唱片圈期待度最高的好声音！午后的一杯黑咖啡，入夜的一杯红酒，她的声音，带点慵懒，却又带点刺激性，在舒缓的阳光或夜色中，骚动你心灵深处，那连你自己都许久未曾触及的热烈情感。季节开始走入寒冷冬季的这个时候……

2 左岸香颂：艺术家合集

如果你迷恋香奈尔香水、路易·威登手袋、杜拉斯小说，如果你向往蒙娜丽莎的微笑、巴黎圣母院的钟声、枫丹白露的艺术盛会，你或许更渴望在塞纳河左岸的咖啡馆里，偶遇一曲深情浪漫的法国香颂，浓浓的法国情调将你深深缠绕……香颂作为法语无可救药的糖衣、世界上最美的歌曲，骨子里渗透了巴黎的优雅与浪漫。在这张双CD专辑里，24首20世纪30年代的绝美香颂，将浓浓的法式优雅与怀旧带来，让人遥想当年左岸咖啡厅里，那些属于毕加索、海明威等人的时光，或许那年那月，也曾有这样一首绝美的香颂，滋养过他们的艺术之灵……

如此原汁原味的法国香颂的原版引进，在国内尚属首次！在抒情的香颂歌声里，在内页一帧帧黑白的巴黎街景画面中，那淡淡的怀旧，那左岸风情的浪漫，就这样不由分说地，一一涌来……

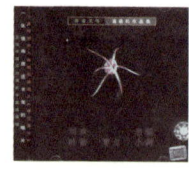

3 高晓松：青春无悔

听惯了让人麻木的流行情歌，在这个浮躁的季节，《青春无悔》的再版无疑将是我们的一针强劲的清醒剂，就让歌声带我们回到从前，找到那个曾经的自己。

4 许巍：今天2002~2008生活

时间满满的鲜活生动，歌者深深的颂爱之作，精选许巍的六年，感动曾经的你、现今的我，今天，许巍《生活2002~2008作品集》典藏上市！精挑细选许巍这些年：全碟感动曾经的你和现今的我从抵抗到接受，从愤怒到爱。让自己的音乐沉淀在对人对己的关照及体会当中，即便是最平淡如水的时光，在许巍的歌中也如同经过滤纸般洁净剔透。这是我们共同经历过的某个时代，不以时间、不以空间界定。而是在曾经亢奋激烈，呼啸而过之后，我们学着安静地接受，让一切浮躁偃旗息鼓。

5 蓝色哈瓦那：杰内罗索·西门尼斯

杰内罗索·西门尼斯，是最具传奇色彩的古巴长号演奏家，其一生更是20世纪古巴音乐的缩影。他不但是古巴音乐史上最受欢迎歌手本尼·摩尔（Benny More）的老搭档，也曾长期与著名钢琴大师贝波·瓦尔德斯合作。如今，在他退休三十多年后，又以八十四岁高龄重返乐坛，带领着"杰内罗索·西门尼斯非洲古巴管乐团"，录制了这张精彩绝伦，令人无限期待的专辑。2003年，"天才老爹"荣获45届格莱美最佳传统拉丁音乐专辑提名。

6 我心深处之迷醉：莱昂纳多·科恩（Leonard·Cohen）

加拿大民谣诗人（Leonard Cohen 莱昂纳多·科恩）来自寒冷的加拿大小城蒙特利尔，有着多重身份，是歌手、作家、诗人。他的嗓音低沉、浑厚、磁性，极富穿透力。他的声音像一种乐器，那就是大提琴，低频而冷静，敏感而细腻，神秘而沧桑。随着他的冶艳而冶艳，随着他的浪漫而浪漫。随着他的祈祷而祈祷，随着他的震颤而震颤。随着他的自嘲而自嘲，随着他的慵懒而慵懒。随着他的冷静而冷静，随着他的涣散而涣散。他用歌声谋杀了睡眠。

DIY一个相册小本本
DIY a photo album

　　不知道有没有人和我一样，对纸，有一种特殊的喜爱，有时候，只是摸到一叠纸，就会觉得有种莫名的小幸福。

　　有了数码相机以后，大家都喜欢用电脑看照片和电子相册了，相册渐渐退出了我们的生活。但是，液晶屏再靓丽，也无法给我们翻阅相册时的感觉。

　　何不自己DIY一个相册呢？

　　从购买纸开始，到裁纸，打孔，洗印照片，贴照片，装订……用最原始的方式打造简单的相册。它不一定会像工业相册那样精致，甚至会有些粗糙，但捧在手里，你可以亲手触摸到主人每一次出行、生活的点滴、诚挚的感情。

　　电子是虚幻的，沉甸甸的纸张才有实在的感觉。剪剪贴贴的过程，也是很享受的。

1 　如果你喜欢有毛边的纸，可以去买宣纸来做。纸质好，摸着很舒服。内页不要太厚。

2 　封面可以是浓艳的花朵，也可以是手写的一句话，可以用布包着，艳丽或者怀旧。也可以没有格子，没有线条，一切自然天成。

3 　如果你的相册需要兼备记事本的功能，就不能用宣纸了，可以选用其他的纸质，用钢笔、签字笔写字都不会有问题的纸。可以在上面乱写些句子，或者写一些自己才明白的符号。

4 　如果是旅行记录的相册，可以在反面记下心情。或者正面贴图，反面贴机票、火车票等。

● 给自己：

把自己每一岁的照片都收进这个相册里，看看自己是怎么慢慢长大的！然后再画上一个未来的自己，看看将来会怎么样！

● 给恋人：

用他（她）的照片做一个相册，或者用你们的合影做成一本你们的时光合集，在上面写上你最想和他（她）说的话，细细回味爱情的点点滴滴。

● 给朋友：

把你们一起去某个地方旅行的照片做一个相册，当你的朋友收到这份礼物时，会为你的细心而感动。

● 给父母：

把这么多年来，你们家最值得回忆的瞬间都收集起来，做进相册里，让辛劳的父母翻阅相册时，就像在回味自己走过的半生岁月。

● 给宠物：

记录下宠物在你生命中的每一天，感受它每一个可爱的样子，还可以拾几根猫毛粘贴在上面哦！

走出去，晒太阳吧！

Go out to bask in the sunshine

有阳光的日子，心情都是舒畅的。

每天早上上班的路上，提前下车，步行一两站的距离，享受一下早上的阳光，不但心情舒畅，工作效率也会提高。

上午十点左右，如果你手边的工作不要紧，走出去到露台上晒晒太阳，呼吸新鲜空气，补充精力。

开会的间隙，找个借口离开一会儿，让暖洋洋的阳光晒一晒疲惫的身子，让你忙碌的生活，小歇一下。

周末的时候，带上你准备好的便当，和朋友们到郊外爬爬山，吃一顿阳光野餐，呼吸天然氧吧带来的纯净。在暖洋洋的太阳底下，憨憨地小睡一下，偷得浮生半日闲。还可以和朋友们一起玩玩纸牌版的大富翁。

SUNNYDAY

　　如果有假期的话，去海边吧，一边享受着海水和海风，一边享受着阳光给身体带来的愉悦。美美地来一场日光浴，涂好避免紫外线过度侵蚀皮肤的太阳油，将身体的肤色均匀晒深一些，人会显得更加健康、开朗、有活力。

　　适当地晒晒太阳会补充维生素D，它也叫阳光维生素，是人体通过阳光中的紫外线来制造并转换而来的。维生素D可以帮助你吸收钙和磷，防止骨质疏松、关节炎等。最重要的是阳光能愉悦你的心情。

　　还有什么要你垂头丧气的事儿吗？找个晴朗的日子，出去走走，晒晒太阳吧！

　　相信你已经蠢蠢欲动啦！

再简陋的小房间，
放上绿植，马上就变了

No matter how simple the room is,
it will be changed at once with green plant

　　房子有多重要，就不说了。但其实，我们需要的，不就是一个可以遮风避雨，安身休息的地方吗？

　　相信很多人，并不是一开始就能住上大房子的。大多数人，都有过艰苦的经历，在许多年以后，那段最辛苦的时光都是最难忘的回忆。

　　我记得十九岁的时候，在成都的一个小巷子里小住了一阵子，租了一间一百块钱一个月的小房子，房间里什么都没有，就连门闩都没有，每天睡觉，要搬墙脚的煤球去抵住门。床呢，就是一张凉席，一床薄被。但是，就是这样的小房子，我却很喜欢待在里面。因为我把地擦得很干净，还用一个倒扣的纸箱子做了一个小茶几，并且把一个绿茶饮料的瓶子剪开了口子，然后在夜市散场的时候，买来降价的马蹄莲，放在瓶中。就是这样一个小小的举动，整个房间变得生动美丽起来！

　　现在的我，已经有了比那个房子大好几倍的家，但是我时常还会想到它！

　　所以，不管你住的房间是什么样子，都尽量用绿色的植物去装点它吧！只需要小小的投入，你就能收获美好的心情。

　　养在家里的植物，不但能释放出更多有益身心的氧气，还能够提亮你的心情！

　　你还可以自己动手DIY，在市场买来不同大小的白色瓦盆，再用麻绳在花盆的局部缠绕，给它做出一些肌理，美观又很朴素。还可以在花盆的土壤上，松松地铺上几块石头，这些小小的细节，会让你的家更生动！

在玄关、窗口养什么植物：
Which kind of plant can be cultivated in the window and genkan:

摆放水养植物或高茎植物，比如：水养富贵竹、发财树，或高身铁树、金钱榕等。

在客厅养什么植物：
Which kind of plant can be cultivated in living room:

适合常春藤、无花果、猪笼草和普通芦荟。这些植物不仅能对付从室外回来的细菌、小虫子等，甚至可以吸纳连吸尘器都难以吸到的灰尘。

在梳妆台、书桌养什么植物：
Which kind of plant can be cultivated in dresser and desk:

观叶兰，它的叶子会随着温度的改变而循环变化，颐养性情。此外，水杉、兰草等观赏性强的植物也适合放在这里。

在通道里什么植物：
Which kind of plant can be cultivated in the window and genkan:

最好挂一些藤蔓类的水养植物，如绿萝、绿精灵、常春藤等，这些植物比较容易造型，而且通道都很通风，是它们的最佳生长环境。

在卫生间养什么植物:
Which kind of plant can be cultivated in washing room:

虎尾兰,它的叶子可以自己吸收空气中的水蒸气,是卫生间、浴室的理想选择。常春藤可以净化空气、杀灭细菌。蕨类、椒草类植物喜欢潮湿,不妨摆放在浴缸边。

在卧室养什么植物:
Which kind of plant can be cultivated in bed room:

适合放置一些能吸收二氧化碳等废气的花草,如盆栽柑橘、迷迭香、吊兰、斑马叶等。绿萝这类叶大且喜水的植物也可以养在卧室内,使空气湿度保持在最佳状态。

在厨房养什么植物:
Which kind of plant can be cultivated in kitche:

吊兰和绿萝具有较强的净化空气、驱赶蚊虫的功效,是厨房内的不二选择,也可以将它们摆放在冰箱上。

不过,不是所有的绿色植物,都适合住在家里。比如郁金香,它有毒碱,连续接触两个小时以上会头昏。经常接触含羞草会引起毛发脱落。水仙花的花叶和花的汁液接触后可导致皮肤红肿。像夜来香、薰衣草、天竺葵和驱蚊草等气味浓烈的植物,建议也不要放在家里。

焚香、听古琴

Burning incense,listenig Guqin

"泠泠七弦上，静听松风寒。古调虽自爱，今人多不弹。"

——刘长卿《弹琴》

  如今弹奏古琴的人，越来越少了。而在古代，古琴是孔子办学的六艺之一。孔子酷爱弹琴，操琴弦歌声不绝。而伯牙和子期以一曲《高山》和一曲《流水》觅知音的故事，后来便传为佳话。

  偶尔会在茶馆或者国学讲座上，听到舒缓延绵的古琴曲，它像是某种关于哲学的声音，将你引入深思。

  在一个忙碌之后的晚上，你可以点上一支檀香，在CD机里，放进一张古琴曲的CD，你的心，会马上安静下来，去接受来自远古的声音。古琴，用它独特、浑厚、低沉的声音，诉说着关于凌风傲骨、超凡脱俗的处世心态。

  你还可以去参加古琴爱好者的雅集，听他们的现场演奏，会更深切地体会古琴的雅韵。

十大古琴名曲
Ten famous Guqin song

1 广陵散

2 高山流水

3 平沙落雁

4 酒狂

5 关山月

6 湘水云

7 阳关三叠

8 梅花三弄

9 胡 十八拍

10 幽兰

　　听古琴曲的时候，可以静心地泡一壶清茶，细细品尝其中滋味，茶韵，琴韵，禅韵。你也可以尝试放松打坐，将所有事情排除脑外，集中意念，静心打坐，放空冥想。相信你会在悠扬的古琴曲中，获得一些灵感启迪，解开眼前的谜团。当然，拿一本好书，悉心品读，也会更加投入其中。总之，好的琴曲就像一眼泉水，让人心旷神怡，陶醉其中。

去教堂听《圣经》
Go to church to hear Bible

即便你没有信仰，也可以到教堂里坐一坐，去倾听一些关于爱的福音。无论何种信仰，都是教人们善良、关爱。

安静地进入教堂，倾听来自《圣经》的启示。让这种纯净的心愿，化作甘露，滋润你的心灵。

教堂的建筑，本身就给你一种神圣的感觉，幽静的长廊，挺拔的尖塔，力求符合真实形象的华丽浮雕。透过彩色玻璃窗的色彩斑斓的光线和各式各样轻巧玲珑的雕刻的装饰，综合地造成一个"非人间"的境界，给人以神秘感。

宗教美术主要表现在教堂建筑装饰上，因为教堂是教徒唯一的活动场所，所以教堂的建筑风格，教堂内外的雕塑、壁画、镶嵌画、玻璃窗画等装饰都贯穿着宣扬和解释教义的功能。仔细去观察这些绘画、雕塑，都是《圣经》故事的组成，让你更深切地体会信仰的来源。

你还可以好好欣赏优美的彩色玻璃窗画。这种画是不识字信徒们的《圣经》。圆形的玫瑰窗象征天堂，各式圣者登上了色彩绚丽的玻璃窗，酷似丰富多彩的舞台画面。玻璃画能依光线的穿透而生艳，用光色的奇妙而引人入胜。

进入教堂的一些礼仪：

1 进入教堂前，应注意衣着要整洁，不能穿露肩、露背、露胸的小背心、吊带装，也不可以穿超短裙、短裤等，不可以穿拖鞋进入教堂。戴帽子的人士，进教堂前应脱帽。如果着装不庄重，您可能会被拒绝进入教堂。

2 不要携带包裹、行李等大件物品进入教堂。

3 喝酒以后，不要进入教堂内。

4 注意顺序行进，礼让他人。

5 走动时脚步尽可能放轻。在教堂内或教堂周围区域，应避免做出干扰他人的一切行为，如大声接打电话、大呼小叫、追打说笑等。进入教堂前应关闭手机，不可在教堂内接打电话或忙于发短信。

6 在教堂内行走时，不要从祭台前穿行。

7 摄影、摄像之前，应先经过教堂主管的许可。被允许摄影摄像时，应慎重使用闪光灯，关闭相机声音，避免对他人造成干扰。

8 不要在教堂内喝水、吃东西、抽烟。

由繁乱的外部走入这纯净的圣地，你的心灵会受到这神圣的庇护。去教堂看一看，让步调慢下来，接受一场爱的福音的洗礼。

去楼顶吹风
Go for a blow in top floor

在中国的传统节日中，我最喜欢重阳。因为那时，可以爬上山顶，登高远望。

在现代的城市之中，每日繁忙的工作中，压力沉重。我有一个朋友，是公司职员，最爱做的事情便是在休息时间，坐着电梯到公司的楼顶从通道的窗户翻出去在顶楼的平台上看着景色吹风。整个城市的川流不息尽收眼底，呼吸这座城市最高远的空气。

所以，在你工作得头昏眼花的时候，不如试试走上楼顶，吹吹风，凭栏远眺，放松放松你劳累的心情，当然还有眼睛。请放空眼神，或者闭上眼睛，风缠绕在你的耳边。此时，将你劳累的心托付于它，你的心，和风一道渐行渐远。此时，你不再是每日对着电脑或文件，生活在这个庞大而又粗糙的城市中的你。在这个钢筋水泥构造的世界之中，此时你已在自然之界。

　　在楼顶上，你还可以在高处俯瞰你眼底的世界，景色怎么样？原本你熟悉的城市从高处看来，是不是有一些陌生？能看见人吗？你能想象一只鸟所看到的世界吗？

　　或者，在凌晨之后，穿过安静的阳台和走廊，爬上楼顶，吹着风。大家都睡了，这个城市仿佛只属于你一个人。

　　夏天的时候，晚霞红透半边天，去楼顶让风把头发吹干的感觉很舒服。

　　没有星星的夜空下的楼顶，适合点一支烟，把随身听的音量调到最大。

　　或者吹着风，给你的朋友打个电话。风太大的话，必须大声地说。

　　或者叫上你最亲密的人，坐在楼顶，吹着风，靠着他（她），享受片刻的宁静。

119

不去咖啡馆，
在家煮咖啡
Don't go to coffee cafe and make coffee at home

一套虹吸壶，只需要一百多块钱，有了它，你就可以在家煮咖啡了。

清晨，一天的开始，取出你喜欢口味的咖啡豆，放进研磨机，那咖啡豆被粉碎的声响，和醇厚的香味，会马上唤醒昏沉的大脑。煮完咖啡，把面包片找出来做早餐，一天就完美地开始了！

不知从何时开始，我们的生活已经变得不能离开咖啡，除了舒缓精神，带来灵感，那股浓浓的味道，也成为我们的生活方式之一，以至于有一天，工作或者写字的时候，没有一杯咖啡就迟迟不能开始。

熟悉了咖啡馆里的味道，熟悉了咖啡馆里某个特定的座位，熟悉了坐在那里往外看到的风景，还有那风景里常出现的一些人。当你抽身回家，煮一杯同样味道的咖啡，那是不一样的感受。

在家里看书，为自己准备一杯香浓的咖啡，让那种有点混着雪茄味道的咖啡豆香，悠悠地弥漫整个房间，调试合适的灯光，开始属于你的阅读时间。

如何调制一杯美味咖啡：

ESPRESSO(SINGLE SHOT:

传统的Espresso咖啡，味道香浓的同时也奇苦无比，不过许多人正是因为这双重味道迷倒而爱上它。喝的时候，将一下口咖啡含在口中，让它的香气尽情散发，再细细品味。

ESPRESSO(DOUBLE SHOT:

与上一种咖啡做法一样，但咖啡豆用量加倍，味道自然更浓郁也更苦，神经敏感者慎喝。

CAPPUCCINO:

用1/3的Espresso咖啡加1/3的淡奶，再将1/3鲜牛奶用机器打成泡沫，最后在杯口撒上一层肉桂粉，高手通常可将肉桂粉做成各种形状。

AMERICANO:

一份或双份的高级Espresso，加入大量热水稀释成综合咖啡。

LATTE:

在一份或双份Espresso中加入热牛奶，再根据个人口味加入不同分量的糖浆，是最受人欢迎的咖啡，类似于雀巢的1+2。

BREVE:

做法与Latte基本相同，只不过用热鲜奶油代替鲜牛奶。

MOCHA:

在Espresso中加入热牛奶和巧克力粉，搅拌均匀后在咖啡上挤上一层奶油，在淋上巧克力酱，是一种外观上最赏心悦目的咖啡。

GRANITA:

这是夏天最受欢迎的饮品，在Espresso中加入鲜牛奶、可可、糖，再与雪泥结合，还可以根据个人口味加上果汁。

豆瓣不是菜，是一家Web2.0网站
DouBan is not food,it's a Web2.0 website

豆瓣宣言：
Declaration of the Bean

　　你经常对着书店里的绵绵不绝的封面发呆吗？或者头晕脑涨地从音像店的琳琅满目中逃出？宽带下载和网上购物降临之后，即使在最小的城镇，你的选择也在每天成百上千地增加。这其中一定有你会喜爱的东西，但十有八九它们会在不知不觉中和你擦肩而过。媒体让老少咸宜的大片无处不在，对只适合一群人的东西却显得力不从心。而且，萝卜青菜，各有所爱，不管电视的娱乐编辑和报纸的书评作家多么公正和勤勉，他们的帮助都不可能对所有人同样有效。

　　在豆瓣上，你可以自由发表有关书籍、电影、音乐的评论，可以搜索别人的推荐，所有的内容、分类、筛选、排序都由用户产生和决定，甚至在豆瓣主页出现的内容上也取决于你的选择。

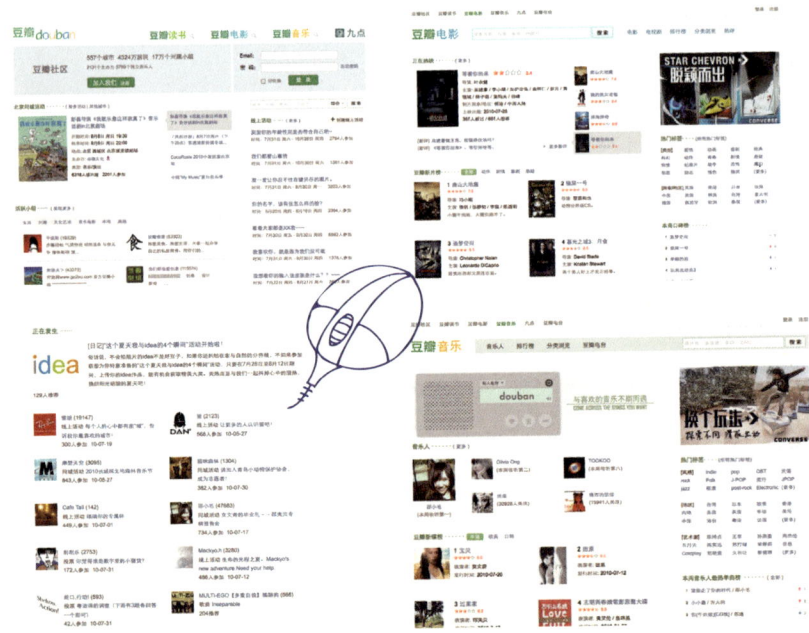

尽管豆瓣上评论的书籍、电影或音乐并不一定是当下最流行的时尚元素，但这些游离在畅销排行榜之外的非主流却吸引着数量庞大的小众群体。从2005年3月至今，豆瓣的注册用户已经达到几十万。

当越来越多的小众聚集在一起，豆瓣就变得个性化大众了。

豆瓣的发起者发现，对多数人做选择最有效的帮助其实来自亲友和同事。随意的一两句推荐，不但传递了他们自己真实的感受，也包含了对你口味的判断和随之而行的筛选。他们不会向单身汉推荐育儿大全，也不会给老妈带回赤裸特工。遗憾的是，你我所有的亲友加起来，听过看过的仍然有限。而且，口味最类似的人却往往是陌路。

如果能不一一结交，却知道成千上万人的口味，能从中间迅速找到最臭味相投的，口口相传的魔力一定能放大百倍，对其中每一个人都多少会有帮助。豆瓣随着这一个愿望产生。豆瓣不针对任何特定的人群，力图包纳百味。无论高矮胖瘦，白雪巴人，豆瓣帮助你通过你喜爱的东西找到志同道合者，然后通过他们找到更多的好东西。

豆瓣指南：
The guide of the Bean

不同于供浏览的门户网站，豆瓣是一个鼓励你参与的社会性工具。你参与的越多，收获也就越多。

记录、分享：

使用豆瓣的第一步：　用豆瓣各页面里的搜索栏查找你喜欢的书、电影或者音乐。比如一本书，找到以后点击封面或者书名，就能看介绍、评论、讨论，还有正在读这本书的其他的人。点击"在读"或者"读过"按钮，你就收藏了这本书。别人也可以通过这本书找到你了；点击"我来评论"，就可以发表评论。

通过最上面我读、我看、我听，你可以浏览自己添加的收藏。你也可以在收藏时添加标签，用自己的方式组织你的收藏。

发现：

你有一些收藏以后，在我读、我看、我听里能看到豆瓣根据你的口味自动给出的推荐。你的收藏越多，豆瓣推荐会越准确。（非法的除外）

会友、交流：

在豆瓣上任何地方看到别的成员，都可以点击名字或头像，去看她/他的简单介绍、收藏、推荐和发表过的评论。如果觉得这个人有意思，或者口味相投，可以点击"把他/她加入我的友邻"。这样你就有了一个小圈子，点击最上面我的友邻，可以随时进去。点击右上角的设置添加你自己的个人介绍或上传头像，还可以点击最上面的同城选择你常住的城市。想和别的用户就评论之外的话题进行交流，可以点击最上面的小组，加入或创建各种话题的小组。

在阳台上种小蔬菜
Plant the vegetables in balcony

　　继开心网上种菜偷菜的狂热后，你尝试过真实的种菜生活吗？在自家阳台或露台种点蔬菜，既能怡情又有成就感。

　　开心网的种菜游戏勾起了很多人对田园的热情。不过网络毕竟不是现实，你只能看到它的长势，却不能更加真切地感受它的存在。简单地说，就是看得到却摸不着。所以也想在现实中真真切切地来一次种菜的体验。

　　没有条件在城市里为自己弄一块"自留地"，但作为一个拥有田园梦想的人，可以在自家的阳台上辟出一隅，鼓捣点花草菜苗，也是一种幸福。

哪些蔬菜最适在阳台栽种?
Which kind of plant can be cultivated in balcony?

- **周期短的速生蔬菜**: 小油菜、青蒜、芽苗菜、芥菜、青江菜、油麦菜
- **收获期长的蔬菜**: 番茄、辣椒、韭菜、香菜、葱
- **节省空间的蔬菜**: 胡萝卜、萝卜、莴苣、葱、姜、香菜
- **易于栽种的蔬菜**: 苦瓜、胡萝卜、姜、葱、生菜、小白菜
- **不易生虫子的蔬菜**: 葱、韭菜、番薯、人参草、芦荟、角菜

　　一般六周左右就能成熟的短周期蔬菜，自然是人人喜欢的，小油菜、青蒜、芽苗菜、芥菜、清江菜、油麦菜，这些蔬菜，成熟期快，对初学者很适合，能很快看到你的成就。

　　某个下午当你做了一碗阳春面，去阳台上掐两根嫩绿新鲜的小葱，顺便摘一个西红柿咬一口的时候，是不是非常有成就感呢？

　　相信你的智慧，一定可以把阳台菜园搞得有声有色。

骑自行车上下班
Cycling to work

  在环保日益成为我们关注焦点的今天，骑车出行，又回归到了一种进步的出行方式。如果你还在为尾气排放做"贡献"，那就要好好反思一下了。

  除了低碳的生活方式，骑车出行，也会便捷很多，没有堵车的困扰，大不了穿巷而过，还能游历沿途的大好风景。

  从健康的角度看，骑车还能提高心肺功能，而且对所有内脏器官都有锻炼效果。两腿交替蹬踏的动作可以使左右大脑均衡发展，提高大脑的反应速度。骑车还能减肥，它会明显消耗较多的热量。

  如果你早已有了一辆自行车，不过已经在车库里生了锈，那么就赶紧去擦洗一番吧！骑上久违的自行车，沐浴在明媚的阳光中，大口呼吸着新鲜空气，伸手去触碰迎面低垂的柳条，让清脆的车铃声在大街小巷中、在暮鼓晨中里再度响起……

其他国家的自行车：
The bikes in other countries

▷ 英国：

在伦敦，常常可以看到每天骑着自行车的上班族，穿梭于大街小巷。伦敦共有350条自行车专用道，一条总长度达8000千米的自行车道网络贯穿全国。英国还设想在各主要城市内修建专供自行车使用的封闭式"高速公路"。

▷ 荷兰：

荷兰现有自行车1600多万辆，人均一辆多，自行车普及率全世界第一。荷兰地势平缓，气候温和凉爽，城市道路窄而弯曲，骑自行车方便灵活又健康环保。目前荷兰自行车道总长约19000千米，是全国高速公路总长度的九倍。政府还整顿、增设自行车停车场并加强防盗措施，推行诸如减免骑车人税收、公司职员购买新车可三年报销一次等政策。不过，荷兰的自行车盗窃很猖獗，每年有20万辆车被偷。

▷ 丹麦：

丹麦约540万居民共拥有420万辆自行车。在哥本哈根市共设120处免费借车点，像超市的手推车一样，人们只需向链锁孔内投进一个一欧元的硬币，就可自行取用。自行车用完后可以还到任意存车点，取回吐出的硬币即可。这种服务在欧洲是首创，并且可租用车的数量也是欧洲第一。

亲爱的，按摩
Dear,massage

　　如果你和爱人愿意一起探索彼此的感观，那么就让按摩带你们进入一个放松、有趣的空间，让你们的关系变得更密切。

　　在恋爱的时候，你们交换爱抚就像亲吻一样频繁。但是，一旦建立稳定的关系，生活里就经常会缺乏浪漫、兴奋的感觉。是的，很多伴侣都忽略了，在牵手和SEX之间有很大的中间地带，而这种中间地带的举动是可以促进双方感情的，更亲密，和伴侣之间的按摩就是这中间地带里最值得一试的。

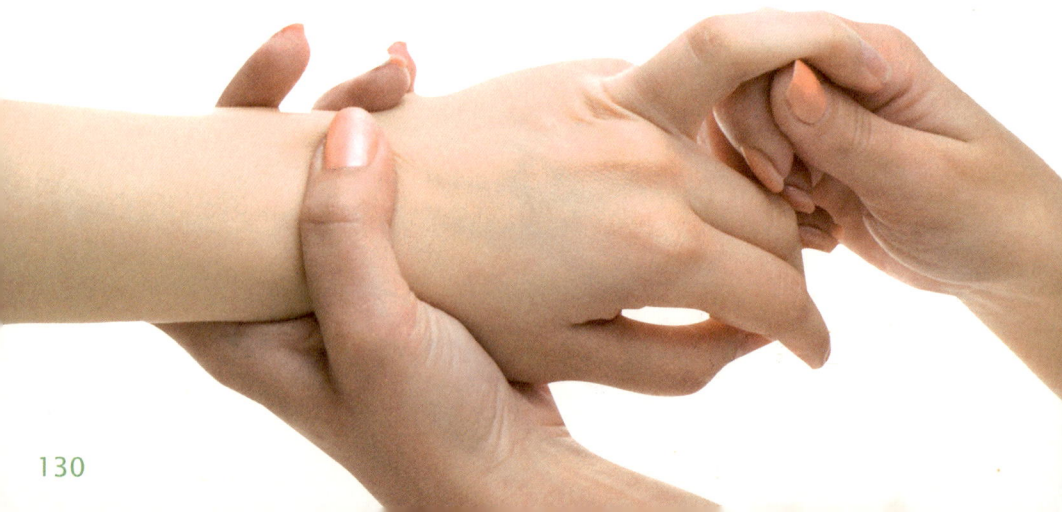

按摩前，先准备好按摩垫，或者干脆拉出一张折叠床垫。如果你有一张坚固的餐桌，你也可以放上一个海绵垫或毯子。在按摩时垫个枕头或毛巾。

还需要准备一些按摩油或者是按摩乳液，当然也可以用调和后的成品精油。你可以选择带有一定放松和舒缓精神的精油：杉木、肉桂、丁香、玫瑰、橙花等。

按摩的第一步，让伴侣俯卧躺下来，手臂垂放身体两侧，头和颈部放松，不要扭转。可以用一个枕头或者厚毛巾，去支撑对方身体。盖一条毛巾或薄毯子在伴侣的背上，先摩擦你的双手几秒钟，好使手掌暖和起来，然后，倒几匙润滑油在你的手上，准备开始轻轻地按摩伴侣。

1 轻轻按摩他（她）的脸部　Massage his(her) face

伴侣的脸能带来高度的安全感。用你的手和手指围住他（她）的颚和下巴，然后双手沿着下颚骨向上按摩到耳部，以手指向上和向外舒缓掠过他（她）的脸颊，如此重复数次。小心地以指尖描摹着伴侣的唇形，温柔而缓慢地按摩唇四周、唇、肩膀和背部。跪在你伴侣的头旁边(或站着，如果你们使用桌子的话)，花一到两分钟在肩膀顶端按摩，你会发现有一连串的穴道点，你可以施压后让他（她）颈部的坚硬感消除。

2 按摩他（她）的腿部和臀部　Massage his(her) legs and hips

移向伴侣的下半身，按摩他（她）的臀部，切实地揉捏臀部多肉的部位，以手抓举揉捏肌肉，并移动拇指和四指于重要厚层处。以两拇指扳开臀肌与大腿后肌交叉处，再加强按摩于此皱褶部位和髂骨下缘数遍。再来是沿着屁股到脚趾分别按捏每只腿，在有大腿肌肉的部位，用快速交替(间隔)、五指张开，略微用力的方式。

有一个点要提醒：如果你的伴侣有小腿静脉曲张，在按摩时就得非常非常轻，并且不要按到静脉曲张处。接着，把伴侣的一只脚弯起来按摩小腿肚，用双手圈住他（她）脚踝拇指用力的方式，揉捏至膝盖。最后按摩他（她）的整脚和脚后跟。另一只脚也重复这个过程。

3 按摩他（她）的手臂　Massage his(her) arms

用来回流动的方式，按摩手臂的最上端，从肩头到手腕，保持你的拇指在上端，其他手指圈着手臂。试试交叉按摩法，并且按摩手臂最大块肌肉处。然后拉他（她）的手臂让其伸展，按摩手掌和腕部，轻轻外拉他（她）的手指。对另一只手重复同样的动作。

kiss

4 按摩他（她）的头和颈部　Massage his(her) head and neck

手回到伴侣的肩膀，花几分钟按摩伴侣的颈部，然后，往上按摩至伴侣头发里，让你的手指头散开来，按摩他（她）整个头的头皮，就好像你正在帮他（她）洗头发一样。接着，一手一边，拇指放在耳朵下面，其他手指放在头骨后面，轻轻往你这边拉。如此可以放松头部的紧张。然后按摩耳朵，交替按摩太阳穴、脸颊、下颚。

5 按摩他（她）的脚和手　Massage his(her) feet and hands

手和脚是最不可思议的敏感带(而且最轻便)，这使得它们成为在电视机前最佳的小型按摩部位候选部位。下面有两个十分钟的程序你可以做：

手——双手握住伴侣的手，两个人都手掌向上，按摩他（她）的手掌。然后把伴侣的手翻转过来，沿着他（她）手背筋和骨头之间用你的拇指去按压。重复动作后，温和地将他（她）的手臂往外拉，并且像挤牛奶一样挤压他的每根手指。现在，按摩手掌有肉的部分，把他（她）的手掌转向上，用你的拇指去探索伴侣手掌的肌肉区。然后，将你的两个小指伸入他（她）的拇指和小指之间，伸展他（她）的手指让其手掌尽量向上展开。最后，用两个拇指同时从他（她）的手掌心按摩到每根指头。重复同样的动作在另一只手上。

脚——从脚踝开始，用双手手指圈住伴侣的一只脚，按摩脚后跟、脚掌及脚部外缘。然后，用拇指沿着脚筋和骨头按摩至脚前端，并用揉搓的方式做一遍。用拇指和食指握住每个脚趾，来回揉搓，并轻轻往外拉。用你的拇指按压他脚部外缘小脚指头下方，按的时候，让这个压力持续几秒钟。这将会刺激能舒缓肩膀压力的穴道。重复同样的动作在另一只脚上。

相信这样的情感投入是值得你们去花时间尝试的，让伴侣全身心地彻底放松，相互按摩，用肢体沟通情感，好好感受身心的愉悦！

给你最难忘的老师写信

Write a letter to your most forgottable teacher

　　每个人成长的过程中，都有一个难忘的老师，他对你有重要的影响。或者是潜移默化地指引你，从而成就了现在的你。

　　那个老师现在在哪里呢？你有没有继续和他（她）保持联络？他（她）是否知道，曾经让他（她）满怀期待的你，如今有何等的成就。

　　给最重要的老师写信，聊聊上学的事、工作的事，还有你的感激和敬意。

　　上学的时候，可能对老师的印象大都是严厉，但有些老师还是很懂得引导学生的积极热情的，他（她）某一种倾向性的引导，都可能成为你后来经历的重要转折。感谢关爱过你、启迪过你的老师，说出你一直想说的话。

　　或者，曾经的某个误会，让老师陷入一些麻烦，但是你又没有及时解释清楚，这件事也许对老师已经过去了，但是在你心里，还是有没有放下的负担。好好回忆一下，将事情好好地澄清，解释出当年的误会，让老师在心里，得到某种欣慰。当你作为孩子的时候，不敢于正视地面对，对现如今的你，已经不难做到了。为了你最难忘的老师，勇敢地写出那封信。

　　某个学科的老师，非常有意思，善于用趣味轻松的方式，讲述这个学科的知识。从此，你也笃定你今后事业的方向，进入了某个学科的专业领域。老师的影响就像是冥冥之中的，对你的未来产生重要的影响，无论专业知识的传授，或者是价值观、人生观。

　　找出纸和笔，就像上学的时候那样，用心写好每个字，表达出你对这位老师的尊敬和感激。

读诗
Reading poems

在黑格尔的《美学》中，诗歌被视为最高的艺术门类。《美学》的汉译者朱光潜一生读诗不辍，他认为高妙精微的诗歌最有利于培养纯正典雅的艺术趣味。

你可以从诗歌中汲取生活的勇气、智慧和力量。有了诗歌的陪伴，即使受苦时也不会感到那种被遗弃的孤单，即使危难时仍能感到一种来自远方的力量。

你可以参加一些组织，比如：北京大学"五四文学社"，他们将未名湖诗会扩大为每年一度的"诗歌节"，举办过"十个人读海子"等活动。

你也可以参加一些民间诗人组织的诗歌聚会，比如由诗人大仙发起的一年一度的北京猜火车吧诗歌局，女诗人翟永明发起的女书诗社诗歌朗诵会等，在这些活动里，你可以和各路诗人尽情"浪"诗，就像赴一场诗歌的盛宴。

你还可以自己在家里，安静地读一首诗，读出声音来，没有任何观众，只有你自己，享受诗歌的意味。

很适合读出来的诗：
The poem which suitable to read loudly

将进酒　李白
君不见黄河之水天上来，奔流到海不复回。
君不见高堂明镜悲白发，朝如青丝暮成雪。
人生得意须尽欢，莫使金樽空对月。
天生我材必有用，千金散尽还复来。
烹羊宰牛且为乐，会须一饮三百杯。
岑夫子，丹丘生，将进酒，君莫停。
与君歌一曲，请君为我侧耳听。
钟鼓馔玉不足贵，但愿长醉不愿醒。
古来圣贤皆寂寞，唯有饮者留其名。
陈王昔时宴平乐，斗酒十千恣欢谑。
主人何为言少钱，径须沽取对君酌。
五花马，千金裘，
呼儿将出换美酒，与尔同销万古愁。

短歌行　曹操
对酒当歌，人生几何！譬如朝露，去日苦多。
慨当以慷，忧思难忘。何以解忧？唯有杜康。
青青子衿，悠悠我心。但为君故，沉吟至今。
呦呦鹿鸣，食野之苹。我有嘉宾，鼓瑟吹笙。
明明如月，何时可掇？忧从中来，不可断绝。
越陌度阡，枉用相存。契阔谈䜩，心念旧恩。
月明星稀，乌鹊南飞。绕树三匝，何枝可依。
山不厌高，海不厌深。周公吐哺，天下归心。

面朝大海，春暖花开　　海子
从明天起，做一个幸福的人
喂马、劈柴，周游世界
从明天起，关心粮食和蔬菜
我有一所房子，面朝大海，春暖花开
从明天起，和每一个亲人通信
告诉他们我的幸福
那幸福的闪电告诉我的
我将告诉每一个人
给每一条河每一座山取一个温暖的名字
陌生人，我也为你祝福
愿你有一个灿烂的前程
愿你有情人终成眷属
愿你在尘世获得幸福
我只愿面朝大海，春暖花开

见与不见　　仓央嘉措

你见，或者不见我
我就在那里
不悲不喜

你念，或者不念我
情就在那里
不来不去

你爱，或者不爱我
爱就在那里
不增不减

你跟，或者不跟我
我的手就在你的手里
不舍不弃

来我的怀里
或者
让我住进你的心里
默然　相爱
寂静　喜欢

带父母去旅游
Travel with parents

　　时常忙于工作的你，在下一个假期的安排中，勾掉和朋友们一起外出游玩的计划，带上父母一起出行吧！

　　无论是万象更新的春天还是大地丰收的秋季，都是举家出游的好时机，陪伴父母一起，去外面走走转转。

　　和父母一起远行是件幸福的事情。他们把太多时间放在你成长的路上，当白发开始一根根地在他们的头上长出，你也到了为生活奔波劳累的年纪，陪伴在他们身边的时间少之又少。 这次旅行，正好可以好好陪陪他们。

　　或许他们已经年老，走不动太多的路了，不再对外面的世界那么动心了。但不用担心，对他们来说，儿女们的拳拳孝心是他们最想见到的美丽风景。

　　根据父母的爱好，制订一个让他们轻松又开心的旅行计划，陪他们出去走一走，看一看。不要觉得"以后有的是时间"，孝敬父母，一定要趁早啊！

为父母制订舒适的旅行计划：

1 根据父母的身体状况和病情，选定旅游点，安排旅行日程，父母身体可以，就去远一点的地方，不能远就近，不要勉强。

2 携带常用药物

除携带平时服用的药物外，如降压药、扩血管药及催眠药，还应备有感冒、腹泻、止痛之类的药物。急救药随身带，以应急需。如果父母会晕车船，还应带上防晕药。

3 防止受凉感冒

春秋旅游旺季，气候多变，春天出门不要轻易减衣，还要带上雨具，以防不测风云，使身体受凉。秋天早午晚温差大，老年人机体免疫与抗病能力下降，要随气候变化增减衣服，防止受凉感冒。

4 饮食要讲卫生

老人肠胃功能都不太好，旅途中饮食要注意以清淡为主，多吃蔬菜水果，防止便秘。

5 避免过度疲劳

乘火车人多拥挤，车厢污浊，坐汽车颠簸厉害，年轻人都会备感疲劳。所以老年人长途旅行最好坐卧铺或飞机，也可以分段前往。旅行日程安排宜松不宜紧，活动量不宜过大。游览时，行步要慢，要循序渐进。

6 住处舒适安静

为保证每天六至八小时睡眠，住宿条件不求豪华，但一定要舒适安静。

深入学习一项球类运动

Learn a ball game

在众多的运动项目中，选择一种，深入学习。

运动不但是锻炼身体的好方式，也是练习持之以恒的毅力的好机会。

把运动坚持下来，你不但会看到身材逐渐紧实，富有活力，性格也会变得更加开朗、热情。

更何况，通过你擅长的运动项目，还能交上不少志同道合的朋友。

☞ 羽毛球运动是一种全身运动项目

无论是进行有规则的羽毛球比赛还是作为一般性的健身活动，都要在场地上不停地进行脚步移动、跳跃、转体、挥拍，合理地运用各种击球技术和步法将球在场上往返对击，从而增大了上肢、下肢和腰部肌肉的力量，加快了锻炼者全身血液循环，增强了心血管系统和呼吸系统的功能。据统计，大强度羽毛球运动者的心率可达到每分钟160~180次，中强度心率可达到每分钟140~150次，低强度运动心率也可达到每分钟100~130次。长期进行羽毛球锻炼，可使心跳强而有力，肺活量加大，耐久力提高。此外，羽毛球运动要求练习者在短时间对瞬息万变的球路作出判断，果断地进行反击，因此，它能提高人体神经系统的灵敏性和协调性。

羽毛球运动适合于男女老幼，运动量可根据个人年龄、体质、运动水平和场地环境的特点而定。能培养自信、勇敢、果断等优良的心理素质。

☞ 壁球强调高强度的运动量

与网球相比，壁球场面积相对较小，球弹力较低，这增加了掌控壁球这项游戏的难度，不同于壁球的"美国兄弟"网球，壁球可以被打射到球场四角的任何一角。因为每次击球，球都必须击中到面前被锡覆盖的墙的上方，所以壁球游戏中球是不会被轻易淘汰的，这也使得壁球这项运动的游戏时间与网球相比持续较长的原因。

壁球运动对于人的循环系统（及其相关器官）有极好的锻炼。在一小时的壁球运动中，运动员可以消耗700~1000卡路里，这与其他大多体育项目相比，有值得瞩目的优势。与此同时，在壁球运动中，奔跑与挥舞球拍等动作也为锻炼身体上肢与下肢提供了很好的机会。

从小就玩的球：乒乓球

乒乓球技术五个基本因素是：弧线、力量、速度、旋转和落点。

弧线是乒乓球在空中飞行的轨迹。力量作用于球，是通过球的前进速度和旋转强度表现出来的。如果你在进攻当中猛力扣杀，使对方接不好，那么你就要打得有力量。如果你是在加强旋转的强度，无论是制造上旋或下旋，那么你一定要用力摩擦球。

为了尽量减少对方的准备时间，你必须抓紧时间，争取在最短、最快的时间内把球回击到对方的面上，使对方措手不及，这就是速度。

为了增加对方还击的难度，还可以制造各种旋转球，迫使对方回球失误后出"机会"球，这就是旋转。

乒乓球不大，要使自己打过去的球更具威力，必须要调动对方前后、左右的移动或奔跑，因此要讲究落点。

平心静气学插花
Calmly arrange flowers

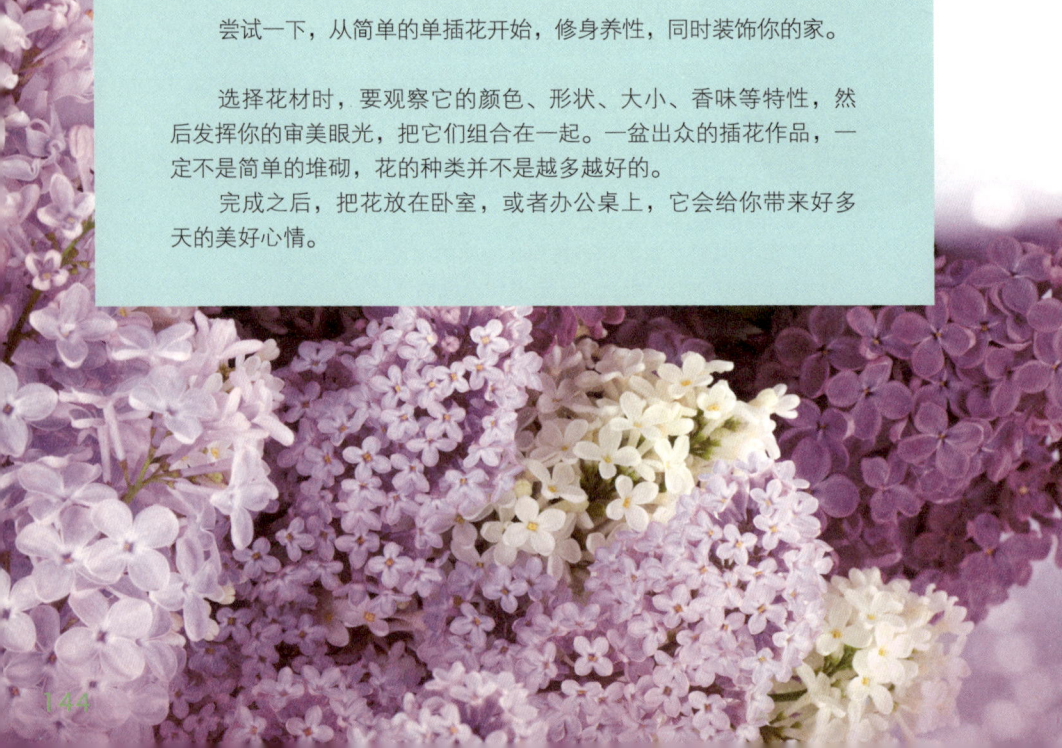

为什么要"平心静气"呢？因为，如果你安静下来，去了解鲜花，就会发现它的内容很深奥，比如，它的颜色，那是造物主的恩赐，还有花的各种形态和香味，都值得你去好好观赏，沉醉其中。

再简陋的家里，如果摆着鲜花，一定会生机勃勃，幸福美好。无论鲜花放在屋内的任何一个角落，都会增添亮眼的一笔。

不过，为了让鲜花更长久地绽放，你需要掌握一些浇水和保养的方法来延长花期，让柔美的花朵看上去会更加鲜艳迷人。

尝试一下，从简单的单插花开始，修身养性，同时装饰你的家。

选择花材时，要观察它的颜色、形状、大小、香味等特性，然后发挥你的审美眼光，把它们组合在一起。一盆出众的插花作品，一定不是简单的堆砌，花的种类并不是越多越好的。

完成之后，把花放在卧室，或者办公桌上，它会给你带来好多天的美好心情。

简单的家居插花：
Simple home flower arrangment

  简单的花艺，只需要注意花瓶和鲜花的搭配，比如在厨房中，与花瓶相比，使用杯子或者玻璃餐具来放置鲜花会更有创意的效果，也能和厨房的环境融成一体。

  把用处不大，又不舍得扔掉的杯子作为花瓶，也是一好方法。

  将茎部剪短的花放在盘子上，或者像盛放美味佳肴那样将花卉放在圆盘中，感觉都很不错，特别适合装饰餐桌。

  多种鲜花搭配叠加的时候，要突出层次感和装饰感，

寻找实用的生活小窍门
Looking for pratical life tips

　　在这本书里面，会讲到要过简单的生活，就要尽量减少消费，能不买就不买。当你有需要的东西时，我们应该做的，不是马上到商店的货架上去寻找，而是先想想，是否有其他的东西可以替代，如果实在想不出来替代品，再去买也不迟。而在生活中，善于发现一些"替代品"，或者"小窍门"，也是一件有趣的事情。

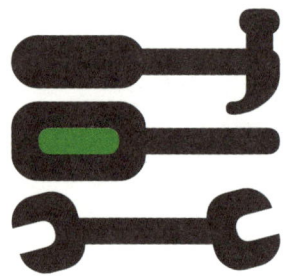

　　小窍门，是指人们在日常生活中总结出来的科学知识，涵盖健康、营养、饮食、居家等各方面。

　　寻找生活小窍门，并不是家庭主妇的专利，你也可以四处搜集，让生活变得便利简单，成为一个"生活达人"！

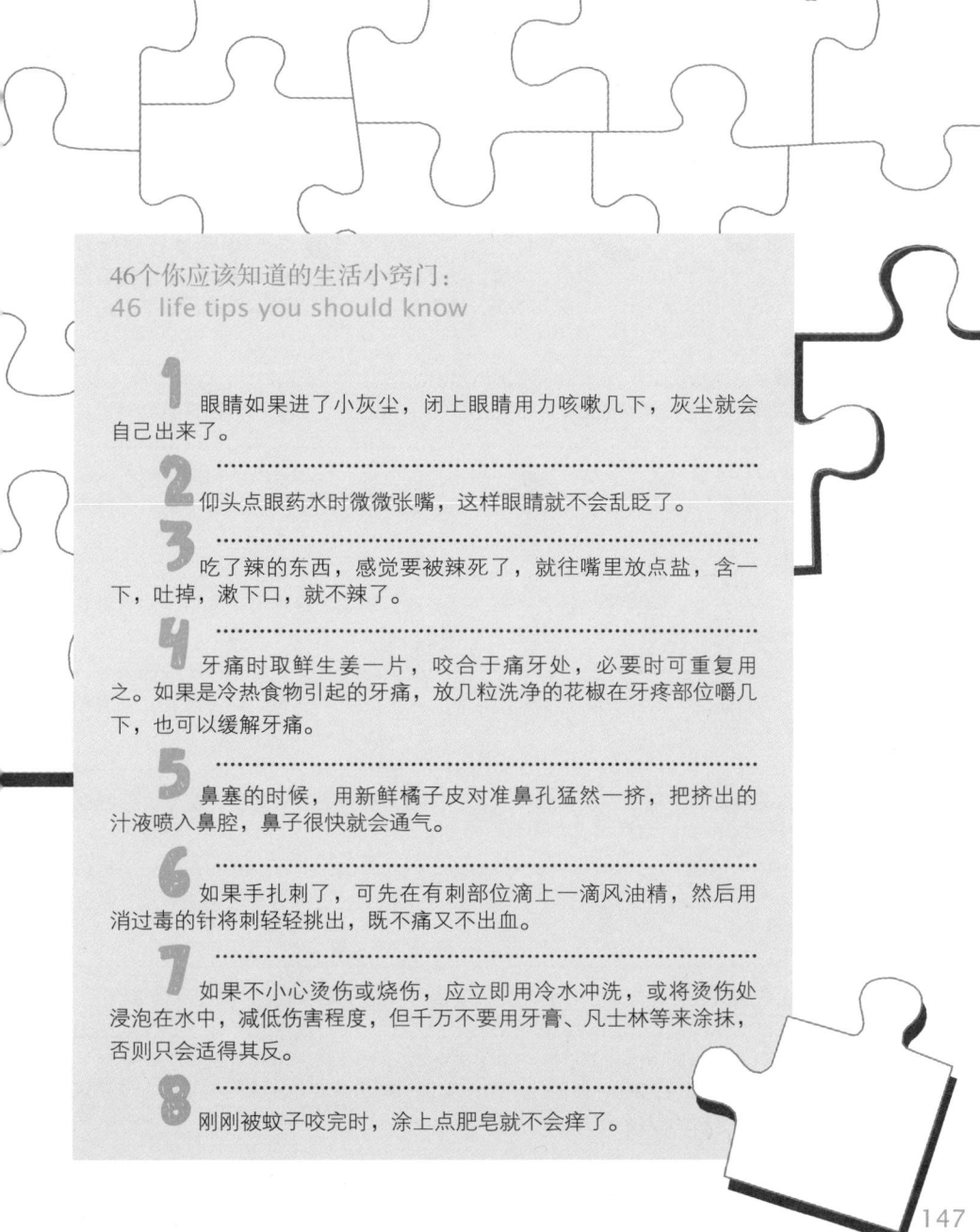

46个你应该知道的生活小窍门：
46 life tips you should know

1 眼睛如果进了小灰尘，闭上眼睛用力咳嗽几下，灰尘就会自己出来了。

2 仰头点眼药水时微微张嘴，这样眼睛就不会乱眨了。

3 吃了辣的东西，感觉要被辣死了，就往嘴里放点盐，含一下，吐掉，漱下口，就不辣了。

4 牙痛时取鲜生姜一片，咬合于痛牙处，必要时可重复用之。如果是冷热食物引起的牙痛，放几粒洗净的花椒在牙疼部位嚼几下，也可以缓解牙痛。

5 鼻塞的时候，用新鲜橘子皮对准鼻孔猛然一挤，把挤出的汁液喷入鼻腔，鼻子很快就会通气。

6 如果手扎刺了，可先在有刺部位滴上一滴风油精，然后用消过毒的针将刺轻轻挑出，既不痛又不出血。

7 如果不小心烫伤或烧伤，应立即用冷水冲洗，或将烫伤处浸泡在水中，减低伤害程度，但千万不要用牙膏、凡士林等来涂抹，否则只会适得其反。

8 刚刚被蚊子咬完时，涂上点肥皂就不会痒了。

9 洗完脸后，用手指沾些细盐在鼻头两侧轻轻按摩，然后再用清水冲洗，黑头和粉刺就会清除干净，毛孔也会变小。

10 手腕粗的MM想戴较细的手镯，就不能硬戴，应在手上套上一个塑料袋再戴上手镯，非常好带，也不会把手弄疼，取下也是同样的方法。

11 切洋葱前，先把洋葱放到水中浸泡10分钟，在切的时候就不会使眼睛流泪了。

12 茶杯、茶壶用久了，往往沉积一层褐色的污垢，很难洗净。如果用细布，蘸上少量牙膏，轻轻擦洗，很快就可以洗净，而且不会损伤瓷面；另外，也可以沾精盐擦洗，效果也很好。

13 菜刀沾水后，很容易生锈，这时，我们可以将菜刀浸在淘米水中，来除去菜刀上的锈迹；或者用新鲜的萝卜片、马铃薯片或葱头片蘸上少许细沙来擦拭。

14 吃完橘子后，把橘皮洗净揩干，分散放入冰箱内。3天后，打开冰箱，清香扑鼻，异味全无。

15 购买鸡蛋时用拇指、食指和中指捏住鸡蛋摇晃，没有声音的是鲜蛋，手摇时发出喱当的声音的是坏蛋。声音越大，坏得越厉害。

16 储存鸡蛋最好直立堆码，不要横放，大头朝上，这样摆放就不易形成"散黄蛋"或"贴皮蛋"了。

17 在电脑旁放一杯热水，可增加周边湿度，以减轻眼睛不适、干涩等情形。

18 牛奶不要用微波炉加热，因为牛奶经微波炉加热后，不仅乳类蛋白会变质，而且化学结构也会随之发生变化，原能促进身体发育的氨基酸会转变为有害物质，使用煤气灶或用开水烫温奶袋是更好的选择！

19 煮绿豆最好不要用铁锅，因绿豆中含有元素单宁，在高温条件下遇铁会成黑色的单宁铁，使绿豆汤汁变黑，有特殊气味，不但影响食欲、味道，而且对人体有害。

20 忌用不锈钢或铁锅熬中药，因中药含有多种生物碱及各类生物化学物质，在加热条件下，会与不锈钢或铁发生多种化学反应，会使药物失效，甚至产生一定毒性。

21 在室内摆上一两盆茉莉花、薄荷或者香艾不仅能使空气清香，并且能有效驱蚊。这种既简单，又健康的驱蚊方式已经越来越受欢迎。

22 夏天擦拭凉席，用加了花露水的清水擦拭凉席，可使凉席坚持清新干净。擦拭时最好沿着凉席纹路进行，以便花露水渗透到凉席的纹路缝隙，这样清凉舒适的感到会更持久。

23 瓶子上的塑料瓶盖有时因拧得太紧而打不开，此时可将整个瓶子放入冰箱中（冬季可放在室外）冷冻一会儿，然后再拧，很容易就能拧开。

24 玻璃瓶子辣酱或罐头拧不开怎么办？不用急，把它倒置过来用力地拍打几下瓶底即可。或者用热水烫一下瓶身，即可拧开。

25 栗子的内皮比较难剥大家都知道，其实，只要先把外壳剥掉，再把它放进微波炉转一下，拿出后趁热一搓，皮就掉了。

26 清洗切菜板前，可先将白醋喷洒在切菜板上，放上半小时后再洗，不但能杀菌，还能除味。

27 预防下水管道堵塞的小窍门：用一根一米多长的尼龙绳，在绳的前端隔几厘米打一个结，有4~5个结即可，将绳末端固定在水管或水龙头上，前端放入下水管内，然后，用大量的水注入水池内，让绳结在水压作用下徐徐进入并经过S形弯道。以后如果遇到下水管堵塞，只需将池内注入一定高度的水，然后拉动绳子，绳结就会触动堵塞物，并使其在水压作用下被冲走，恢复畅通。

28 用牙膏贴画，既牢靠又不损坏墙壁。如要取下，只要用水湿润粘贴部位，就可以很容易地取下来。

29 如果标签不容易撕下来，可用吹风机对着标签吹，等吹到商标的胶热了，就可以很容易地把标签撕下来。

31 不管是鞋子的哪个地方磨脚，你就在鞋子磨脚的地方涂一点点白酒，保证就不磨脚了。

32 蜡烛在冰箱里冷冻二十四小时后，再插到生日蛋糕上，点燃时不会流下烛油。

32 厨房料理很容易就弄得一手鱼腥、肉腥或油腥，用香皂或洗衣粉也去不了味，但用柠檬皮搓手却很管用，如果能在柠檬水里泡泡，效果更佳。而且，用柠檬皮擦手，其所含的柠檬油还可以使皮肤细腻光滑。

33 袜子很容易有臭味，只要在洗袜子的水里倒入少许白醋，泡一会儿，再用清水洗净，这样不但可以除去臭味，还能起到杀菌的作用。

34 电视机不宜与大功率音箱或电风扇放在一起，否则音箱和电风扇将震动传给电视机，容易将电视机显像管灯丝震断。

35 泡完的茶叶不要丢掉，把残茶叶晒干，放到厕所或沟渠里燃熏，可消除恶臭，使空气飘满茶香。

36 当自己的心爱的深色家具有了刮痕后，不用着急，可利用咖啡粉在刮伤部分擦一下，干了之后，再用湿布擦干净，然后再依上法涂抹一次即可。经这样处理之后，刮痕就不醒目了。

37 如果口香糖粘到了自己心爱的衣服上怎么办？首先找一冰块装在塑料袋中，覆盖在口香糖上，约30分钟后，当手压上去感觉口香糖已经发硬了，然后取下冰块，用刷子一刷就能刷掉，或者直接放到冰箱里冷冻层冻硬。

38 圆珠笔存放太久不使用，再拿出来书写时，就很容易出现断墨的情况，甚至直接不能书写，这时可以将圆珠笔芯放到80°C左右的热水中泡几分钟，擦干后就可以恢复昔日的流利顺畅了。

39 手机保护不当有了刮痕不要紧，取适量牙膏挤在湿抹布上，用力在手机屏幕刮痕处前后左右来回用力涂匀，然后，用干净的抹布或卫生纸擦干净后，会有效淡化手机刮痕。

40 喝完牛奶或酸奶后，不要马上把装奶的瓶子洗掉或将袋子扔掉，一定要记得"废品"利用。将瓶子或袋子里剩下的奶抹到手上，约15分钟后用温水洗净双手，这时你会发现双手嫩滑无比。过期的牛奶也不要扔，用来洗手或洗脸比新鲜牛奶效果更好。

41 尽量换着使用不同品牌的牙膏，这样，既可以发挥不同牙膏多方面的功效，从而维护口腔健康。

42 电脑使用后，脸上会吸附不少电磁辐射的颗粒，要及时用清水洗脸，这样将使所受辐射减轻70％以上。仙人掌除了可以攻击坏人，还有一项好处哦！在计算机桌前放置一盆仙人掌有助于减少辐射。

43 许多人爱吃青菜却不爱喝菜汤，事实上，烧菜时，大部分维生素已溶解在菜汤里。比如小白菜炒好后，会有70%的维生素C溶解在菜汤里。

44 刷完白色的运动鞋后，如果直接放在太阳下晾干，鞋身就会变黄，如果裹上一两层卫生纸就不会出现这种情况了。

45 煮鸡蛋时，可先将鸡蛋放入冷水中浸泡一会儿，再放入热水里煮，这样煮好的鸡蛋蛋壳不破裂，且易于剥掉。

46 买回新砧板后，在砧板上下两面及周边涂上食用油，待油吸干后再涂，涂三四遍，油干后即可使用，这样砧板便会经久耐用。

去看一个刚出生的小孩
Go to see a newborn baby

　　我还没有孩子，不过我已经无数次地想象，如果我有了一个孩子，当听到他（她）的第一声哭啼，看到他（她）的第一眼，我会是什么感觉，我想我一定会哭的。

　　我大概能想象，我刚出生的孩子是什么样子的，包括他（她）的小手和小脚是什么样子的……当我看向他（她），他会怎么回应我？

　　但是，我现在还没有小孩，但是，当我的朋友有了小孩，我会去医院看望他们。

　　医院的妇产科，是一个充满了希望的地方，走廊里，会看到焦虑的准父母，以及满脸喜悦的新手父亲。不管是谁的孩子被推着从我身边走过，我都会忍不住去看看那个小家伙。

　　来到这个世界，睁开了眼睛，小家伙懵懵懂懂，可爱着呢！

　　这个世界真是丰富多样的，就算是刚出生的孩子，也差很多，有的哭声震天，有的不爱哭，很乖。有的孩子活泼好动，有的安安静静地睁着眼睛，东看看，西看看。

　　我最喜欢伸出一个手指头给小孩，去碰碰他（她）的小手，他（她）一定会马上把你的指头紧紧抓住，哈哈，就像在玩一个游戏！

　　去看望刚出生的孩子，思考一下生命的整个过程。
　　当然了，去看望小朋友，别忘了给孩子的妈妈买一个小礼物哦！

加入绿色和平组织吧！
Take part in the Greenpeace

我们反对日本捕鲸　GREENPEACE

周末做什么？
How to spend the weekend?

与其浪费时间做无谓的消遣娱乐，不如参加一些有意义的组织，在里面发挥一下自己微薄的力量，同时也和有志向与爱心的同类人一起进步、分享！

行动，带来改变——绿色和平组织：

"保护地球、环境及其各种生物的安全及持续性发展，并以行动作出积极的改变。"

绿色和平是一个全球性的环保组织，致力于以实际行动推动积极的改变，保护地球环境与世界和平。绿色和平（英语：Greenpeace）是一个国际性非政府组织，从事环保工作，总部位于荷兰的阿姆斯特丹。

绿色和平组织于1971年在加拿大成立，现在全球41个国家设有办事处。它开始时以使用非暴力方式阻止大气和地下核试以及公海捕鲸著称，后来转为关注其他的环境问题，包括水底拖网捕鱼、全球变暖和基因工程。现在的绿色和平也有反捕鲸和反捕杀海豹的活动。

你可以做的是：
Do as below：

- **加入志愿者**

利用业余时间想投入到环保项目及其相关的工作中来？具有一技之长希望为环保出力？期待前往项目前线亲历与见证？参加绿色和平志愿者，经过培训，你的以上愿望和想法就能变成现实！

- **让生活更绿**

每一天，每个人都能拯救地球，小选择可以带来大改变！绿色和平送上的绿色生活小贴士（暂只提供英文版），如果你有大家都能参与其中的生活环保妙方，快告诉他们，从而让大家都分享到。

- **做网络上的环保分子**

绿色和平的支持者遍布全世界125个国家和地区，我们有足够的先例证明，只要大家用同一个声音呼喊，改变就可以达到！

- **成为绿色和平的船员**

绿色和平的船会为你带来终生难忘的旅程.想为他们的船效力？请把你的简历邮寄至：Greenpeace Marine Services, Ottho Heldringstraat 5, 1066 AZ Amsterdam, The Netherlands 祝君好运！

- **为绿色和平工作**

绿色和平在全球范围内开展行动，为地球争取更美好的明天。需要有奉献精神，能够适应辛苦工作，并有专业水平的人。或许你能成为这支卓越的环保组织的一员！

 绿色和平组织官方网站：
WWW.GREENPEACE.ORG/CHINA/ZH/

参加科学松鼠会吧！
Take part in Scientific squirrel!

为什么松鼠会叫松鼠会呢？

"对许多人来说，科学就像一枚枚难以开启的坚果，虽味美却不易入口；希望自己能够像松鼠一样，打开科学的坚硬外壳，将有营养的果仁剥出来，帮助人们领略科学之美妙。"

"科学松鼠会"是一个科学传播公益团体，试图通过自己的努力使科学传播并流行开来。科学松鼠会由科学作家姬十三等人创立。这个组织重在传播科学，相信在他们的引领下，你会对科学有全新的认识。科学就在你身边发生，并如此有趣！

整天还宅在家里无所事事吗？还犹豫什么，赶快去与科学达人扎堆，本着积极的目的，去做好玩的事吧！

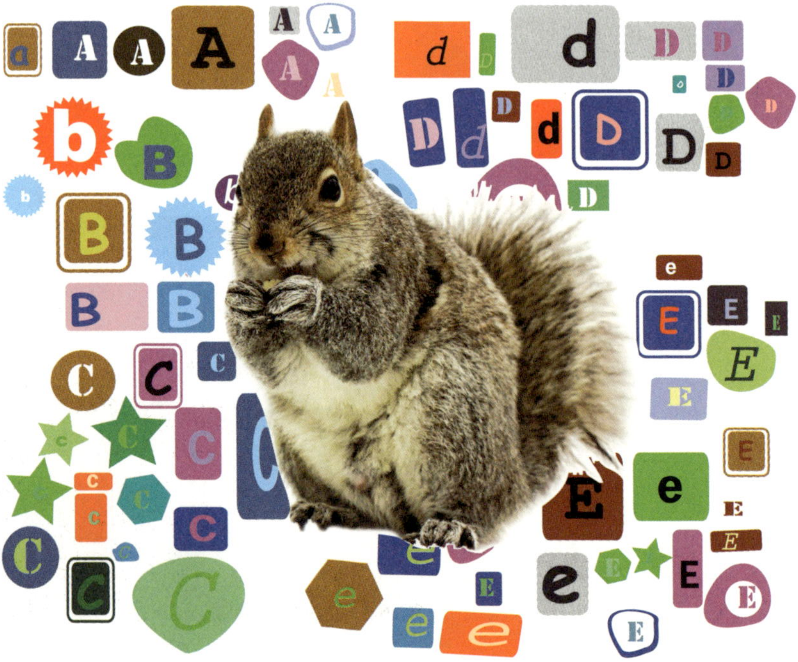

你可以做的是：
Do as below:

● **达文西行走中队**

行动是最有力的语言，当Geek、Nerd们说自己热爱Science的时候，不如找点理由加入女王达文西的division，和宅性痛快说拜拜。在她带领下，去平常进不了的科学场馆，见平常见不到的科学大腕，尽情踏遍科学大好河山。达文西说："普通的科学场馆，您自己个儿去。'达文西行走中队'讲究品牌形象，你听也没听说过的、你想也想不到的、不对外开放的……和科学搭边的场所，想去吗？快报名去。"

● **我是DR. YOU**

每周，他们会在这里提一到两个既刁钻古怪又不损科学精神的小问题，而你，倘若有兴趣加入解答风暴，就有可能成为"问不倒先生"身上的一块组织结构，如果足够牛X，脱组织而出，就将荣获当期的Dr. you。

● **光芒阅读沙龙**

以书为名，把读科学、爱文艺的有志青年聚拢来，按期推出点评榜，找机会纠众狂侃，抓准选题结集成册，请来各领域人士同读同乐，跨界交换独到见解和美丽知识，目的是：以科学之光芒驱散伪科学之黑暗！

● **小红猪抢稿**

科学松鼠会伙同各路英雄，争做头牌翻译ID"红猪"的第X代，将鬼子的文件搜寻、追踪、窃取、破译、昭示……一路到底，敲骨吸髓，把最有用的科学信息统统斩获。每周两篇，先到先得。有松鼠会资深编辑帮你逐词校对译文，小红猪长得快。

● **小姬看片会：**

每月精选一枚优质大片，来自Discovery、BBC、National Geographic、NHK、PBS等国外公共频道，和你分享上至宇宙下至微生物的科学话题，主持人小姬邀请松鼠or松鼠信得过的科学家or其他领域的达人来一起快意交流。主要在北京，偶尔南巡。

k 科学松鼠会官方网站：**WWW.SONGSHUHUI.NET/**

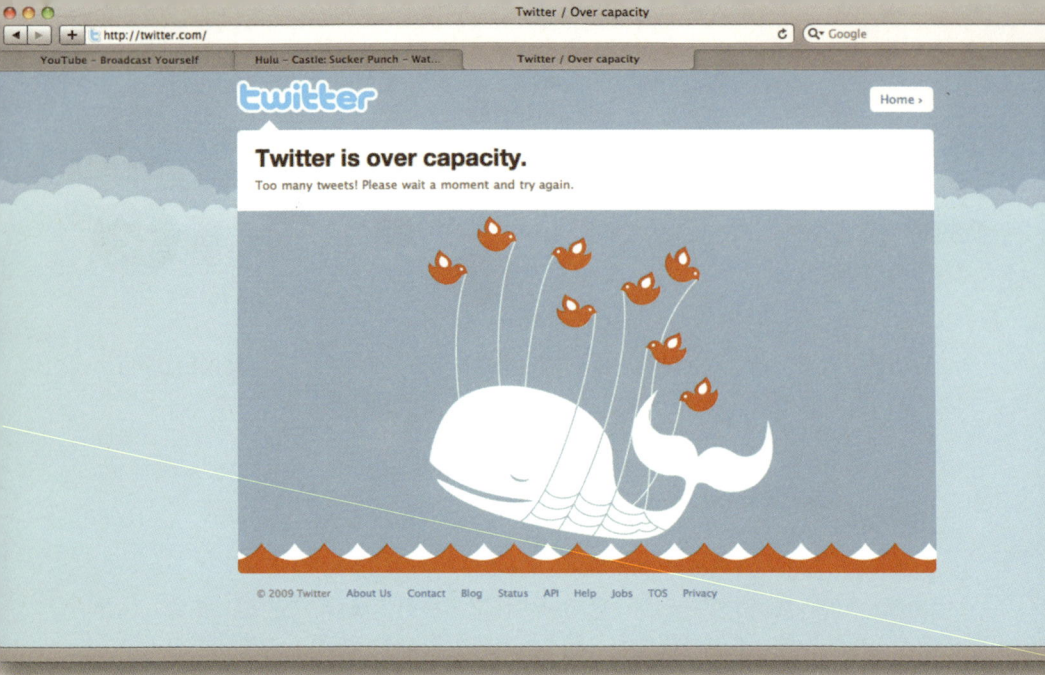

这一秒你身边发生了什么？
上TWITTER吧！
What happened in this second?
On TWITTER

"140字足以描述整个世界。"
——Twitter的发明者这样说

　　Twitter是当今全球风靡的互联网信息交换平台，只需follow，无论新闻、政治、科技、时尚、媒体、商业，乃至于闲言碎语，统统一网打尽。不管是你关注的音乐人、电影明星、模特、商业大亨，还是你有兴趣知道的艺术家、政客，统统都在上面开设自己的微博。

　　想知道这一秒世界上都有什么新鲜事吗？请上 Twitter。

　　或者这一秒你身边发生了什么，想分享给其他人？请上 Twitter。

　　Twitter最初计划是在手机上使用，并且与电脑一样方便使用。所有的Twitter消息都被限制在140个字符之内，因此每一条消息都可以作为一条SMS短消息发送。这就是Twitter迷人之处的一部分。

Twitter对于组织严密的小组来说是非常有用的（尽管Twitter上也同样存在着数量相当大的乌合之众）。假如你跟随你的朋友，并且他们还跟随着另外的人，你就可以进行快速沟通。

某杂志这样评价它："它不仅是资讯的丰富，它平等、互动、可即时反馈、随时更新，不再与权力、品位、等级相关，开辟了另一个广阔的世界。在这里，自我、创造、分享才是真正的核心。"

那一秒发生了什么？
What happened in that second?

● 2008年，Mike Wilson 所乘坐的美国飞机刚刚起飞就坠毁了，安然无恙的他立刻通过手机向Twitter发送了坠机的消息。"见鬼，我乘坐的飞机竟然坠机了！"

● 海地地震发生后，太子港主要通信中断，机场封闭，大批记者无法进入震后现场，Twitter几乎成为外界获取信息的唯一通道。"我的亲人被压在倒塌的房屋下，请帮忙救救她，她叫吉尔索普。"

● 当迈克尔·杰克逊的死讯还没有被主流媒体所证实，他就医的洛杉矶加州大学医院就已经挤满从Twitter上获得消息的歌迷。

● 2009年5月29日19：46美国著名脱口秀主持人奥普拉："谁知道怎么对付狗虱？刚刚从一只狗身上拽下来8只虱子。兽医给的药根本没作用。"

● 2009年4月13日，好莱坞影星艾什顿·库彻与国际传媒巨头CNN双方为谁先在Twitter上拥有100万追随者打赌。结果竟出乎库彻的预料，他仅用4天时间即增加十多万追随者，一举打败CNN。

这一秒你的身边发生了什么？上Twitter吧！

人生困惑问《庄子》
Perplexity of life to ask Zhuangzi

有一天，庄子在睡觉，梦见自己变成了一只蝴蝶，忽上忽下，翩翩飞舞，非常快乐。

醒来之后，庄子开始思考这样一个问题：到底是庄子做梦变成了蝴蝶呢，还是蝴蝶做梦变成了庄子？如果庄子没有做梦变成蝴蝶，那为什么庄子会体会到蝴蝶飞翔时的快乐？如果，蝴蝶没有做梦变成庄子，为什么这一切会出现在他的记忆里？

在我们中国的文化里，庄子的智慧独具魅力。

庄子的思想里，包含了对自然、对人生、对历史的提问。

他关注人生的价值，追问生命的意义，对生命的存在进行哲学的思考。

他的思想充满着东方的智慧。

庄子的哲学思辨：

有一天，庄子和惠子站在桥上赏鱼。

庄子说，你看这些鱼游得那么从容自在，它们一定很快乐。

惠子说，你不是鱼，你怎么知道鱼是不是快乐？

庄子回答说，你不是我，你凭什么说我不知道鱼快不快乐呢？

惠子说，我不是你，当然不会知道，但是你也不是鱼，所以你同样不会知道鱼的心情。

庄子说，你开头问我，你不是鱼，你怎么知道鱼是不是快乐？按照你前面推己及人的推理，从这个问句可以得知，你已经认可鱼是快乐的这个命题。

惠子无言。

"子非鱼，安知鱼之乐"，成为了中国哲学史上非常精彩的辩论。

庄子的人生态度：

庄子的妻子去世了，却见到庄子张开两腿坐着，一边敲击陶盆一边唱歌。

庄子说，人本来就有生有死，恍 之间成为了有形体的、有生死的东西，现在返回到原始状态，就像春夏秋冬四季轮转。如果我号 大哭，那就是不理解生命的概念。所以我不再痛苦，反而要为她能够重新回到初始无生的状态而唱歌。

如果一天，有人突然告诉你"一只蚂蚁死了"，你会悲伤吗？我们和一只蚂蚁又有什么不同呢？

人生在世，最重要的是要处理好人与自然、人与社会、人与自我三者之间的关系。

庄子倡导"随顺自然"、"安命无为"、"虚静恬淡"的人生态度。遇到人生困惑的时候，不妨读一读庄子，让庄子的思想引领你恍然大悟、豁然开朗。

记录下你所经历过的最美的画面

Make notes on the most beautiful pictures what you experienced

在我们的生活中，总会有无数个瞬间是让我们怀念且念念不忘的，不管它们是温暖的，还是痛苦的、悲伤的，都是美好的……

有一天，我去拜访一个朋友，在北京小胡同里，看到了一个老头儿。和我们在北京的胡同里看到的大多数老头儿一样，他也大白天穿着皱巴巴的棉睡裤，坐在自家门前的椅子上，墙内茂盛的大树将枝叶伸出来为他挡住了阳光。他的椅子旁边，地上，放着一个结满了茶垢的大塑料杯。老头儿正在睡觉，我从他身边走过，觉得这也是一个美好的画面。

走过了以后，我有点想回头用手机把这个画面拍下来，但又担心拍摄的声音会吵醒老大爷。

你的生命里，还有多少美丽的画面？

- 停雨的午后，大树碧绿的树叶，在阳光下闪闪发光。
- 两座大楼之间升起的大太阳
- 和朋友在刮着暖风的下午坐在天台吃饭看夕阳
- 凌晨4点一个人走在空无一人的雨后街道
- 小时候爸爸把你扛在他的肩膀上，一家三口去公园
- 在夏天的大雨里，看见一个人在等你
- 安心地看着爱的人在安心睡熟。

把它们都拍下来，或者记录在你的笔记本里。这些，都是你生命中最珍贵的东西。

土豆的22种吃法
22 ways of eating potato

　　爱吃土豆的人都很可爱，可爱、美丽、率真、聪明。他们能在最普通的食物中，品尝出真味。对他们来说，土豆就是人间极品！白水煮着也好吃。

　　土豆又叫马铃薯、洋芋、洋山芋、山药蛋，被认为是世界上最伟大的食物之一。

　　它有营养，是抗衰老的食物。经常吃土豆的人身体健康，老得慢。

　　吃土豆不必担心脂肪过剩，因为它只含0.1％的脂肪，是所有充饥食物中脂肪含量最低的。

　　土豆不仅不会使人发胖，还有愈伤、利尿、解痉的功效。夏季没有食欲的人，坚持吃一段时间土豆，一定能收到令你满意的效果。

　　不过吃土豆也是有禁忌的：买土豆时不要买皮的颜色发青和发芽的土豆。做土豆前，有芽眼的地方一定要挖去，以免中毒。

　　把以下的文字，送给我好多爱吃土豆的朋友吧！

土豆的22种做法：
22 kinds of making way of potato

MENU

1 青豌豆土豆泥

取炒锅置火上，加入花生油15克烧热，投入花椒，待炸出香味后，将花椒铲出，将油浇在土豆泥上。豌豆剥皮、冲洗，放入热油锅中炒熟，加入少量精盐拌匀，放在土豆泥上，加入白糖、味精，调拌均匀。

2 青椒土豆丝

切好的土豆丝在水里滤一下，去掉表面的淀粉。水烧开加点白醋(没有白醋黑醋也凑合)，土豆丝放进去过一下。注意不要煮太久，过一下就好，加醋是为了让土豆丝更脆。锅加油烧热，撒入花椒颗粒，爆出香味后倒入土豆丝翻炒，再放入青椒丝，翻两下就可以起锅了。盐也最好最后放，道理同上。另外，如果炒的时候加黑醋，起锅之前加糖，就成了糖醋土豆丝，但是之前就不要加花椒啦。糖切记不可在锅里停留时间过长，会煳的。

3 茄子炖土豆

茄子用手撕或掰成适中的块，土豆切成薄厚均匀的块状；炒锅内加油，烧热后下葱花爆锅，然后下肉翻炒几下，放盐和酱油适量；将土豆和茄子同时下锅，翻炒；在炒的过程中加盐、鸡精、味精、少量的醋；翻炒到基本上茄子都过了油、土豆颜色加深后，向锅内加清水，水量控制到菜的四分之三位置；盖上锅盖炖一会儿，出锅前加准备好的大蒜、香菜或者香油。

4 炒土豆丝

土豆切丝，用水过一下去淀粉。起油锅，油不要太多，放入盐，油至七分热放入土豆丝翻炒，至土豆丝渐显黄色变软，加适量糖、味精调味，放入红辣椒丝，淋少许白醋，翻炒一下后起锅。

5 咸菜土豆汤

先把准备好的咸菜切碎，洗干净，土豆切条，备用。起油锅，放少许油，加盐，放入咸菜煸炒，再放入豆瓣煸炒，七八成熟后加入高汤(没有也可以加水，但味道就要差好多)。待煮沸之后加入土豆，炖到土豆酥软之后加入盐(咸菜本身较咸，如果不喜欢吃太咸的东西也可不加)、糖、蘑菇精调味，然后起锅，味道很鲜美的。

6 洋芋擦擦

先把土豆洗净去皮，切成小丁，小到黄豆粒大小最好。我试过用擦丝的擦子，但口感不好。再把切好的土豆丁滚面粉(面粉不要太多，只要沾满土豆即可)。把沾好面粉的土豆丁放在笼屉上隔水蒸，待蒸透蒸软取出晾凉，用手打散。起油锅放入辣酱、葱末，放入打散的土豆丁混合物煸炒，如果喜欢吃辣可多加些辣椒油，临出锅加盐。

7 拔丝土豆

土豆去皮，切成大块，入油锅炸至外面成金黄色的硬皮，出锅待用。锅内放少许油，加热，放入白糖，不停搅拌，待糖熬成糖稀后，倒入炸好的土豆，不停翻炒，直到土豆全部都沾到糖稀，立即出锅。

8 老奶洋芋

把土豆放到锅里煮熟，煮后捞起放到凉水里或晾凉后去皮，用小刀将土豆分解成丁备用。

起油锅将油烧至六成热时放入辣椒面或调料，略微爆香一下即放入土豆丁翻炒(别把辣椒面炸煳了，手脚的麻利程度和火候一样重要，翻炒要将辣椒面均匀裹在土豆丁上)，加入盐、葱花，最后加蘑菇精拌匀起锅。

9 俄式土豆沙拉

将土豆整个煮熟，去皮切小块冷却备用。将洋葱切成碎丁，起油锅，放入切好的培根、洋葱碎丁、紫苏炒香冷却备用。然后把准备好的材料加沙拉酱、盐、胡椒粉拌匀即可。

10 土豆南瓜汤

把土豆和南瓜切小块，杏脯、红枣切小粒，枸杞泡水。锅里放入少许油，把切好的土豆和南瓜倒入翻炒几下，加水，再加盐和蘑菇精少许。然后再倒入高压锅，加入切好的杏脯、红枣以及泡好的枸杞，焖5~8分钟（也可以在炖锅中慢慢炖，直到土豆和南瓜熟烂）即可。

11 咖喱土豆

土豆切块洗去淀粉，胡萝卜、鸡肉切丁，洋葱切丝备用。锅洗净放油，加热后放入切好的土豆、胡萝卜、洋葱翻炒，加水，大火煮10分钟后起锅，见洋葱融化即可，加入咖喱（咖喱要预先用凉水调开），加入盐、糖，转小火煮五分钟即可。

12 番茄酱土豆条

土豆洗净切条，洗去淀粉。锅内放油，将土豆条下锅先轻炒一下，过油，至土豆三成熟时加番茄酱、盐、酱油一至二滴，至土豆全熟时加一点柠檬酸（醋也行）。再加水，以没过土豆条的1/2为准，盖锅盖炖，约5分钟后开盖以大火收汤，等汤汁如芡(呈黏稠状)，出锅。

13 红烧土豆

将土豆去皮洗净，斜切成小块，葱切段，姜切片。锅内倒油烧热，加入葱段、姜片炝锅，烹入酱油，加入适量清汤，烧开后放入土豆块。土豆块软熟时，放入精盐、味精，用水淀粉勾芡，出锅即可。

14 辣白菜五花肉土豆片

辣白菜切小片,肉切片,土豆切稍微厚点的片。锅里放油烧热,入土豆片先炸一下,也不要炸透,过一过就行。锅留底油,入葱花爆香,入肉片爆炒,加入少许酱油、料酒、糖炒至肉变色。再放入土豆片、辣白菜,放少量鸡精、胡椒粉爆炒,充分翻炒让肉、土豆片都沾上辣白菜的味道,放少量水盖锅盖焖一小会儿,大火收干汤汁,出锅盛盘。

15 土豆沙拉

将土豆皮洗净,锅中加水和土豆(水盖过土豆),加少量盐煮20分钟。土豆稍冷后切成厚片。锅中加入橄榄油,中火炒香培根,捞出。锅中加入洋葱和土豆煎炒,用盐、胡椒调味,待土豆成金黄色后再放入培根和黄油,炒匀再撒些芹菜叶即可。

16 葱爆土豆

小土豆洗净,用水煮熟,晾凉后用刀把小土豆压扁,待用。锅里放少许油,加热,将压扁的小土豆倒入锅内,加入少许盐、糖和葱花翻炒出锅即可。

17 韩国土豆汤

把买来的骨头洗净,最好是脊骨,把水烧开然后将脊骨放里面。将土豆去皮,等放入排骨后水再开时放入大块土豆炖,炖至你自己认为可以吃了,放入紫苏叶、辣椒酱。

最后一步就是放入茼蒿、金针菇、盐。

18 咖喱土豆牛肉

土豆去皮切成滚刀块,牛肉切薄片,加入生粉、微量的水用手捏,这样牛肉肉汁不会跑而且不容易煮老。锅烧热加入色拉油(橄榄油更适合做牛肉菜),在油还是冷的状态下倒入牛肉,翻炒到变色后加入土豆,再加入适量的水煮开转小火,目的是把土豆煮烂。大约10分钟后关火加入咖喱到锅里搅拌融解,再开火把水略微收干即可。

19 土豆鸡块

鸡腿2~3只去骨，切成小块，用盐、生抽、糖、油，外加少许绍酒、生粉和姜丝，腌最少30分钟；土豆两只去皮切成小块，红椒半只切丝，葱叶1~2条切段，香菇1~2只切丝，少许蒜蓉放入油锅里爆香，把腌好的鸡和香菇丝一起倒进去，爆炒几分钟至鸡肉半熟，再放入土豆，炒匀后加一碗水，盖上锅盖煮，水开后记得关小火。大概5分钟左右放少许老抽，炒匀后放入红椒丝和葱，翻两下就可以上菜啦。

20 番茄土豆牛肉汤

土豆去皮洗净，切小丁。卷心菜洗净，切小片。番茄洗净后用开水烫一下，剥去皮，切小块。锅内倒入牛肉汤，加葱姜末，投入土豆和卷心菜，烧开后撇去浮沫，倒入番茄块，再烧8分钟，放入精盐调味，至土豆酥烂，淋上香油即成。

21 土豆烧牛肉

将牛肉切成两厘米见方的块，土豆稍微切的小一点。锅内放油，油4成热时放入土豆、牛肉，然后火关小点炸两分钟，待土豆表面发金黄色时，改大火，用勺子戳一下土豆，土豆中间稍微有点硬心时，就可以把牛肉和土豆捞出了。锅内少放点油，放葱花、姜、蒜末炒出香味，加入汤或水，放酱油、料酒、盐、味精、白糖、胡椒粉，倒入炸好的土豆和牛肉，改成大火，将汤汁差不多熬干时，少淋一点水淀粉，就可以出锅了。

22 土豆炖羊肉

羊肉洗净，切成2厘米见方的块，下入沸水在锅中焯一下，捞出沥水；然后土豆削皮、洗净，切成滚刀块；锅置火上，加入植物油烧热，下入土豆块炸透，呈金黄色时捞出，沥油；净锅置火上，加入羊肉块和所有调味料，大火烧沸后改用小火炖至八九成熟时放入土豆块烧沸，再倒入沙锅里，用小火炖至熟烂即成。

值得花钱去做的事之潜水

Worth spending money to do things—
diving

岩井俊二的小说《华莱士人鱼》中说道，每个人都曾是人鱼的后代，那时所有人都生活在浩瀚的大海中……

我们生活在地球上，在地球的表面70％覆盖着水，而你却并不了解水下发生了什么。

去报一个潜水课程吧，去水下探寻地球的另一面。

潜水被列为极限运动之一，可想而知，它是穿越某些身体和心理的极限，你先需要征服自己，然后征服大海。

初次涉及潜水的时候，教练员大都推荐你潜伏，看看你自身的心理素质和身体素质是否能适应这一挑战。穿上救生衣，戴上潜水镜，嘴里咬住呼吸管，慢慢地学着用嘴呼吸，节奏放慢，身体自由地在水里摆动。也许你的身下是五到十几米的区域，不用害怕，你的救生衣足以保护你的身体不下沉。

如果浅潜的经历让你欢呼雀跃，激动不已的话，大胆地去挑战深潜吧！各种专业的装备，更加有难度的安全训练，过关斩将到最后的你，一定能享受到无与伦比的美妙体验。

初次进到海底，都会像新生儿第一次睁开双眼，看到全新的色彩斑斓的世界，会对大海的独特景象感到无比地新鲜、亲切。你一定会想抚摩一下嬉戏的小鱼，仔细看看那一半金黄一半碧绿的艳丽色泽；你会看到《海底总动员》里的小丑鱼Nemo一家，它们会很喜欢和你玩耍，但同时也很懂得如何保护好它们的家，如果你是不速之客，它们会赶你走。你还会觉得很奇怪，身后的小鱼为什么对你恋恋不舍，那是因为小鱼很好奇你氧气面罩里吐出来的泡泡，一直追逐着你的泡泡，陪你一起游览海底世界。

你还可以盘桓于珊瑚丛中，有巨大突起，甚至接近水面，有的则美轮美奂吸引着各种生物在它身边徘徊……

　　海底是一个奇妙的世界，蔚蓝、透明、清澈。有洁净、平缓、温柔的白沙平原；摇曳生姿的藻类植物；追来逐去的庞大鱼群；茂密而奇形的珊瑚丛林……令陆地上最骄人的图画也相形见绌、黯然失色。

　　海底是一个生命的世界，千奇百怪、色彩斑斓的海生植物、海生动物，以它们各自的形态——星星状、花球状、放射状、圆筒伏、长条状，在你所未知的水下世界生存繁衍、自生自灭。这就是勇敢的潜水者看到的海底世界。海底游戏有着极大的刺激性、挑战性和回到岸上的优越感，于是就有了许多新奇的海底游戏。

关于潜水的小知识：
Tips about the diving

1 浮潜与水肺潜水的差异

⭕ 浮潜是以潜水者所能屏息的时间内，在水中潜泳，直到无法再呼气而浮出水面的潜水方式。

⭕ 水肺潜水是指潜水者背负空气筒，借由筒内的空气在水中呼吸，做长时间潜水的方式。

2 水中视觉与听觉的变化

⭕ 光线进入水中后，会有折射现象，导致我们在水中见到的物体，看起来比实际的体积大上1.25倍。

⭕ 视觉上也会变近。视线距离会缩短为实际距离的3/4。

⭕ 在水中声音传达速度，比在空气中快4.2倍。

⭕ 声音来时，几乎是左右耳同时听见，所以很难分辨声音的方位。

3 耳压的平衡

⭕ 一般潜水员潜到水深3公尺处，就会感受到耳朵疼痛，那是水压变大的原因。

⭕ 一般的耳压平衡法是，从面罩上面捏住鼻子，使鼻孔阻塞，然后用力吹气，就能将空气灌入耳管。

⭕ 潜水老手甚至只要做吞口水的动作或左右摆动下颚，就能使耳压平衡。

⭕ 做耳压平衡时，保持头部朝上较易实施。

⭕ 每往下潜一个深度，就应立即做耳压平衡。尤其是在浅水处，做耳压平衡的次数应增多。

值得花钱去做的事之拥有一部单反相机

Worth spending money to do things—
own a single-lens reflex camera

当你精心准备一场旅行的时候，总会抱怨手边的相机图片质量不够高，镜头的宽容度不够，摆来摆去都难以将眼前的美景从容地收进你的卡片相机中。好吧，既然对画面有着如此高的要求，那么就上手一台数码单反相机吧！

很多人会觉得花上数千元甚至上万元，买上一部数码单反相机没有必要，自己又不是专业摄影师，相机操作起来也会复杂很多，而且个头儿大，分量重，携带起来很辛苦，如此等等。

当你拍摄出一张满意的照片时，那种巨大的满足感，会让你觉得一切都很值得。

其实，数码单反相机并没有一般人看来的神秘复杂，它也有全自动模式，但这样的"傻瓜机"，要比你的卡片相机"聪明"得多。

数码单反最大的优势就在于，它是高质量数字化的，不必去劳神画面噪点过高、色彩失真，或者图片不清晰的问题。

学什么手艺，都有一个入门的过程，照相这件事，也是一样。

　　当然，如果你充分了解你的相机，你会发现，它的操作易如反掌。如果在多了解一些拍摄方法，那么就更加得心应手了。比如：对光线环境的考虑，物体距离的计算，转换到你的相机上，使用什么样的镜头，多大的光圈，多快的速度，ISO的指数，白平衡等。你对相机主动控制的部分越多，达到拍摄预期的结果就越接近，当然，数码时代的今天，你可以选择

删除，重新再来。所以，多加练习，必定会有快速的提高。

　　如果有兴趣了解一下Photoshop的简单工具，试着自己为照片做后期效果，将你旅行回来的丰收硕果稍加调整，传到Flicker上，就能与朋友们分享你的新鲜事儿。

　　你还可以从中挑选出喜爱的照片，制作成明信片，寄给远方的好友。

值得花钱去做的事之乘坐热气球

Worth spending money to do things——fly a hot air balloons

你可能不知道，热气球在中国，已有悠久的历史，最早被称为孔明灯。

1783年，法国的孟格菲兄弟向空中释放了第一个内充热空气的气球。

法国的罗伯特兄弟是最先乘充满氢气的气球飞上天空的。

如今的人们，坐飞机在天上飞来飞去已经很平常了，但是，也许只有乘上热气球，才能有云中漫步的感觉吧！

自从看了电影《80天环游世界》之后，就好想去坐热气球啊！

现在，全世界有两万多个热气球在飞行。中国目前已有一百多个热气球，在深圳、桂林、北京、上海、杭州、宁夏等地，你都可以去热气球俱乐部，花上几百块钱，坐一次热气球，来一次不一样的空中旅行。

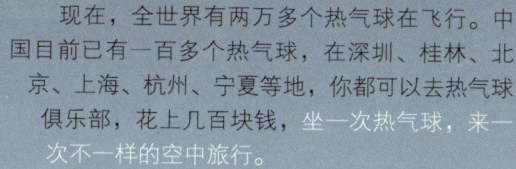

关于热气球的小知识：
Tips about the Hot air balloons

热气球的构成
热气球，更严格地讲应叫做密封热气球，由球囊、吊篮和加热装置三部分构成。球皮是由强化尼龙制成的（有的热气球是由涤纶制成的）。尽管它的质量很轻，但却极结实，球囊是不透气的。

体积
标准的热气球的体积分为几个级别：七级球体积为2000~2400立方米；八级球体积为2400~3000立方米；九级球体积为3000~4000立方米；十级球体积为4000~6000立方米。

吊篮
吊篮由藤条编制而成，着陆时能起到缓和冲击的作用。吊篮四角放置4个热气球专用液化气瓶，置计量器，吊篮内还装有温度表、高度表、升降表等飞行仪表。

仪器
高度计：高度指示计；升降速度表：显示上升和下降速度；温度计：指示球囊内的空气温度。

燃烧器
燃烧器是热气球的心脏，用比一般家庭煤气炉大150倍的能量燃烧压缩气，点火燃烧器是主燃烧器的火种，即使被风吹，也不会熄灭。另外，热气球上有两个燃烧系统以防备空中出现的故障。

燃料
热气球通常用的燃料是丙烷或液化气，气瓶固定在吊篮内。一只热气球能载运20千克的液体燃料。当火点燃时，火焰有2~3米高，并发出巨大的响声。

驾驶
热气球并非真的被"驾驶"，它是随风而行。但是，由于风在不同的高度有不同的方向和速度，驾驶员可以根据飞行需要的方向选择适当的高度。

速度

　　热气球飘飞速度的快与慢，是由风速的快慢决定的，因为热气球本身并没有动力系统，飞行速度完全取决于风速。热气球最大下降速度6米/秒，最大上升速度5米/秒。

最佳飞行时间

　　一天中太阳刚刚升起时或太阳下山前一两个小时，是热气球飞行的最佳时间，因为此时通常风很平静，气流也很稳定。

飞行持续时间

　　一只热气球通常携带足够的石油液化气或丙烷能持续飞行两个小时，但一些因素也影响飞行的持续时间，例如：气温、风速、吊篮重量（包括乘客）和在当天飞行的具体时间。

起飞

　　飘飞热气球需要一组人共同努力，因为热气球在地面上的工作是非常烦琐的，使一个热气球起飞至少需要4个人。先是将球囊在地上铺展开，然后将它与放在一边的吊篮连接在一起，用一个小的鼓风机，将风吹入球囊，使气球一点点地膨胀，当完全展开后，开始点火。将火点燃加热气球球囊内的空气，热空气使气球升到垂直于吊篮的位置，再加几把大火，热气球就可以起飞了。

升降

　　热气球的动力就是燃烧器，没有方向舵，它的运动方向必须是随风而行。不同高度、不同时间、不同地点，风向都是不一样的，想调整方向就需寻找不同的风层。热气球的升和降与球体内气温有关，球体内气温高，气球浮力增大，气球就上升；球体内空气温度下降，球体产生的浮力小于球体自身重量和载重，气球就开始下降。

穿什么衣服坐热气球

最好穿连身纯棉飞行服，乘客也建议穿纯棉衣物，戴纯棉帽子。

养一只狗狗，
你真的准备好了吗？
Are you ready to breed a dog

你曾经动过一个念头，养一只狗狗陪伴在你身边吗？

或者在你的生命中，就曾拥有过一只狗狗。

我相信，关爱并妥善照料小宠物的你，一定是善良的人，懂得爱的人。

无论是电影还是亲历，狗狗对主人的忠诚与爱，一定让你感动不已。它们聪明、勇敢、坚定、忠诚，关键时刻，还能给人们提供帮助。

你知道它们吗？警卫守护犬、军犬、警犬、导盲犬、搜毒犬、搜爆犬、漏气探测和落水、火灾、失踪救护犬，还有一部分犬，具有超强的力量和耐力，被人们用于拖拉和运载货物。它们英勇无畏，很高兴为主人工作，并服从他们。

狗狗大多喜欢讨主人的欢心，它会在你情绪低沉或者筋疲力尽时，安静温驯地蜷缩在你身边；在你高兴的时候，尽情地和你玩耍；当你外出归来的时候，它们会超级兴奋地向你示好，围转在你左右，欢呼雀跃。

家里拥有了一只狗狗，就像多了一位密不可分的家庭成员，但是，你真的准备好了吗？

在电影《狗狗与我的十个约定》里，它这样对你说：

- 在你带我回家之前，请记得我的寿命有10~15年，你的遗弃，会是我最大的痛苦。
- 请多给我一点时间，让我了解你对我的要求是什么。
- 信赖我对我很重要。
- 别对我生气太久，也别把我关起来当惩罚，你有你的工作，你有你的娱乐，你有你的朋友，但你是我的仅有。
- 请偶尔对我说说话，纵使我听不懂你说的内容，但我听得懂，那是你的声音在陪伴我。
- 你要知道不论你如何对待我，我将永远不会忘记。
- 当你打我请记得，我其实拥有可以咬碎你手骨的尖锐牙齿，只是我选择不咬。
- 当你责骂我的不合作、固执或者懒惰之前，请你想想是否有什么正困扰着我，或许我没获得我应有的食物，我已经很久没有在温暖的阳光下奔跑，又或者我的心脏已经太弱或太老。
- 在我年老时，请你好好照顾我，因为你也是会老的。
- 当我要挨过最辛苦的历程时，千万别对我说"我不忍看它"或是"等我不在场才发生"，只要有你和我在一起，所有的事都变得简单易接受。请你永远不要忘记：我爱你。

所以，如果你决定养一只狗狗，从开始的第一天，就请善待它，要善待它的终身，用它的方式去爱它。

181

在家写毛笔字
Write brushes at home

　　每天穿梭在浮躁嘈杂的城市中，疲惫地循环往复于职场和家庭中，多多少少囤积了一些坏情绪。

　　心情难以平复的时候，我们会安安静静地听音乐，或者出去和朋友大醉一场。

　　但是，你有想过练习书法么？

　　"书可养性，写可养神"，书法是历代文人雅士所推崇的修身养性的好方法。

　　用毛笔在宣纸上书写，可以换来一个好的心境，甚至一个好的性格。

　　首先，要去文化用品市场，采购写书法需要的笔墨纸砚。

　　不一定要买贵的，价钱适中的就行。

　　别忘记买一块大小合适的毛毡，用来垫在宣纸的下面。

　　如果你不知道写什么，刚开始，可以去书店选购一本字帖。同一种古帖版本往往有几种，如兰亭、圣教、十七帖等字帖，学书法一定要以传世最佳版本的字帖临摹最好。

　　笔墨纸砚准备好了之后，你可以开始写了。当新买的墨汁流淌进砚台的时候，相信你的鼻子已经闻到了墨的香味。闻墨的香是一种奇妙的感受，深远悠长，耐人寻味。

然后试着抬手持笔，静心书写。

一开始，字迹难免散乱，所以你需要调整自己的呼吸。

慢慢地，心静下来了，字也就听话了。

习字之道
The principle of writing by a quill pen

首先要讲究姿势、头正、身直臂开、足安，执笔时指掌虚，腕平，掌竖，用笔运神，以腕运笔，整套姿势本身就如做功。

书写时要绝虑凝神，心气平和。

古人云："书也者，心学也。心不若人而欲书之过人，其勤而无所也宜矣。"这就好比坐禅，如果心念不集中，就无法开始冥想，也就更无法达到开悟的境界。当你的心开始逐渐清静，你会发现字迹和人格都在与之提升。

学习书法，陶冶性情，净化心灵。在这繁杂的世事之中给自己一个休憩的理由，将心灵投入到"静"的境界。一静而制百动，当烦恼升起时，书写能平复心境，在安静之中，它能使行止与想法变得更柔软，明晰。一如用笔，"或卷或舒，乍轻乍重，善深思之，理当自见矣"。